演说的逻辑思维

如何成为演说高手

姜岩◎著

中国纺织出版社有限公司

内 容 提 要

演说是人与人之间相互联结的一项社交活动，在当今飞速发展的时代，演说能力已成为影响人们职业生涯发展的关键技能。本书分为上、下两篇，上篇从演说的重要意义入手，讲述了演说的价值，再分别从演说准备、演说的道具、演说稿等方面讲述了演说前的准备。下篇主要介绍了必要的演说方法，包括开场白、声音、表达、控场演说、脱稿演说、紧急情况的应对、结束等。全书贯穿经典案例分析，透彻分析，深度解读，深入浅出地向读者展现了不断提高演说能力的技能与方法。

图书在版编目（CIP）数据

演说的逻辑思维：如何成为演说高手 / 姜岩著.--北京：中国纺织出版社有限公司，2021.7

ISBN 978-7-5180-8678-8

Ⅰ.①演… Ⅱ.①姜… Ⅲ.①演讲—语言艺术 Ⅳ.①H019

中国版本图书馆CIP数据核字（2021）第131682号

策划编辑：史　岩　　　　责任编辑：于磊岚

责任校对：王蕙莹　　　　责任印制：储志伟

中国纺织出版社有限公司出版发行

地址：北京市朝阳区百子湾东里 A407 号楼　邮政编码：100124

销售电话：010—67004422　传真：010—87155801

http://www.c-textilep.com

中国纺织出版社天猫旗舰店

官方微博 http://weibo.com/2119887771

北京市密东印刷有限公司印刷　各地新华书店经销

2021 年 7 月第 1 版第 1 次印刷

开本：710×1000　1/16　印张：13

字数：174 千字　定价：48.00 元

推荐序

发自内心进入内心

案前放着一本姜岩博士的书稿:《演说的逻辑思维:如何成为演说高手》。

姜岩的经历很不寻常,典型的江南人,典型的华为人,典型的企业家培训师,典型的演说人。

我最喜欢的三个中国城市,上海、武汉和杭州,都在江南(或者大部分在江南)。喜欢前两个城市和亲情有很大的关系,而喜欢杭州则纯属因为喜欢她的美丽、文明和人文气息。而少年佼佼者姜岩,曾在人才辈出的浙江省重点中学杭州市第二中学就读。少时的他就富有理想,勤奋刻苦,热爱学习,孜孜不倦,对世界充满好奇。这,奠定了他未来的学业和事业的基础。当然,曾在中国人民解放军洛阳外语学院求学和在浙江大学攻读工业自动化博士学位的经历,是他专业上升和事业成功的重要台阶。

姜岩作为华为人,是他事业含金量最高的昂扬时期之一。"华为人",是改革开放以来中华民族崛起之后的"新概念",这个新概念是一个5G6G创新、最新管理科学和企业人文的系统存在。提到华为人,很容易挂一漏万,不妨引申一下,在此介绍两位朋友研究"华为人"的思想结晶。一位是华为公司顾问田涛教授,他整理编辑的华为口号"以客户为中心,以奋斗者为本

（2008年）”以及“敢于破格，促进人才辈出（2016年）”，富有本质性和特征性，也是“华为人”核心价值的精辟阐释。另一位朋友，著名华为研究专家王育琨则认为“华为人”奉行“拿捏动态平衡，执两用中”和“发挥天赋潜能和拿出大美绝活”的“灰度哲学”，强调“华为人”“敬畏无穷可能性，创造无穷可能性”。王育琨高度概括的“华为人”，震撼人心，也是人类创新者的典范。这两位朋友的真知灼见，本可以拓展发挥成一大段说明文字，但限于篇幅，只能简略，借用两位的深刻思想，介绍并深入了解本书作者，姜岩，他的“华为人”的经历，对于本书来说，已经盖上了一枚金印。

姜岩作为典型培训师和演讲人，他的培训和演讲经历始终围绕着三大内容，一是华为人才培养和人才管理之道智慧，二是现代科技创新和新高科技产业的管理智慧，三是中小企业如何汲取华为的创新和发展智慧。

《演说的逻辑思维：如何成为演说高手》是姜岩的培训和演讲经验总结，即书中详细介绍了作者全面准备和做一场富有成效的演讲的方法。同时，他也在推动中国演讲学作为一门专门的学问，不断获得发展。

本书内容有四方面特色：首先，显示了姜岩的培训和演讲内容具有超前意识，聚焦最新的科技和管理模式。其次，他的演讲内容和演讲工作的准备，是宏观和微观并重；再次，他善于跨界，包括学科的跨界和东西方的跨界；最后，他强调演讲人以真情传递真知，分享智慧，他说“演讲人必须用真心换真金”。

是的，优秀的杰出的演说家久蓄真知真情在心，他们的演讲是发自内心进入内心的。他们的演讲，以好友谈心的轻松，创新者的热情和激情，讲故事的艺术趣味，发现真知的多视角，让人惊奇的新鲜感，时时让观众大笑的幽默，隽永而意味深长的格言，冷静的甚至冷酷的真实，让观众激动。

富有智慧的演讲，不是重复教科书和他人的知识，不是过去时的旧知识，而是现在时和将来时的新鲜智慧，可以参照学习。这样的演讲，可以改变企业家和创业者的人生和事业。而现场演说，也是电视和网上视频不可替代的。现场演讲，比电子传播更具有感染力，更富有智慧的传播力和震撼力。优秀的杰出的演说家通过眼神、精神气质、审美力、神魅、神启、气场、磁场感动观众，让人惊艳，让人感悟，让人好奇，让人激发并充满探索的欲望和无穷动力。以上，笔者谈到的，很多还是演讲研究界的空白。

今天的中国，演讲业进入了新科技、新思想、新管理、新人文传播的大时代。觉醒年代，可以自觉，即自我觉醒，觉醒年代也可以他觉，即他人唤醒，在听一场新鲜的演讲中感悟真知和智慧。

真正的演说家也是思想家，追求真率坦诚，诚如叔本华所说："思想家在思想的王国具有一种王者直截了当的风格。"富有思想的演说家同样有勇气说出自己发现的真理。

今天，中国的演说业正在出现前所未有的井喷现象，或者说，正在出现前所未有的海啸。现在自称企业家导师和培训大师的人如过江之鲫，但真正具有创新生命震撼力的却凤毛麟角。中国培训师和演说人，应该将中国学界和政府普遍使用的"知识产权"一词积极转变为"智慧产权"（Intellectual Property Right），一词之变，是一种智慧世界观的变化。笔者认为，演讲就是传递可流动可分享的智慧，社会各界应当珍视演讲家的工作和产权。笔者相信，姜岩博士将会同意这一建议，并且在演说中积极身体力行。

"春山磔磔鸣春禽，此间不可无我吟。"春天到了，美丽，繁荣，耀眼，温暖，生机盎然，百鸟争鸣。

这是中华民族强旺崛起的大时代，也是演讲的大时代。今天富有价值的演讲大舞台，也就是"发自内心进入内心"的真诚、真知、真情的传播大平台，是信息交流的大世界，是心灵感动和思想感悟的大时空，是量子互动和量子纠缠的大宇宙。这，与演讲家姜岩贤弟共勉，也与阅读本书的演讲人或者希望自己成为演讲家的读者共勉。

是为序。

汤本

2021 年 4 月 15 日凌晨

前言

孔子告诉我们："言不顺，则事不成。"孔子原本有三千多名弟子，一直都在跟弟子有步骤地学习，结果却说："言不顺，则事不成。"古人还说过"一人之辩重于九鼎之宝""三寸之舌强于百万之师"等名句。只要仔细想想，就知道究竟是什么意思。

我很喜欢古装电视剧《琅琊榜》，不仅在于演员的阵容，更喜欢剧中人物的成功塑造。在剧中，有一个可以跟蔺相如相媲美的角色，他就是言侯爷。他一心求仙问道，对过往之事只字不提，就连儿子言豫津也不知道他的辉煌过去，只从梅长苏口中知晓一二："在敌营王帐之内舌战群臣，心坚如山，舌利如刀。"

想当年，为了打破其他国家的联众政策，言侯爷手持节杖，孤身一人进入军营，凭着惊世的智谋和卓越的口才，瓦解了敌人的联盟。

看到这幕剧情，可能有些人会说，这作者也太敢写了吧？动动嘴，就能产生如此巨大的威力？事实上，的确如此。演说的力量超乎你我想象。

演说是一项历史悠久的文明传播活动。演说伴随着人类发展至今。

三千多年前，古埃及人在古墓碑上镌刻下铭文："便捷的口才将使得你雄辩滔滔，占尽上风。"

纵观历史，无论是历史悠久的华夏民族，还是自由奔放的外域国家，演说一直在各国发展中扮演着重要角色。

在传播学理论中，口语传播的渊源最悠久，而演说正是口语传播的重要形式。如同两人之间闲谈，彼此都能清晰地感受到对方，却又不是聊天，更多地体现了一种劝服与展示功能。

如果你是一名普通员工，演说能力就显得更为重要。公司规模越大，越应该重视当众演说的能力。

如果你是一名管理者或老板，你的影响力将取决于你的演说表达能力，你的领导魅力则会通过各种场合的发言显现出来。

所以，无论你是企业领导、团队负责人，还是品牌创始人，抑或是职场中的普通一员，都要具备一定的演说能力。

在现代商业社会中，演说就是你的领导力。丘吉尔曾说："一个人可以面对多少人，就代表这个人的人生成就有多大。"也就是说，能够跟你产生共鸣的人越多，你的领导力就越强。

如果你想在新的一年里为团队激励赋能，如果你想在招商会上一鸣惊人、收获掌声与财富，如果你想打造属于自己的个人IP、变得更有影响力，就要学会演说。在互联网时代，影响的人越多，创造的价值也就越多。

演说是人与人之间相互联结的一项社交活动，与人性、情感、精神、心理等密切相关，不是单纯文字信息的输出和理论的说教。那么，究竟如何才能提高演说力呢？

为了给读者以帮助，笔者基于多年演讲经验写成这本书。该书分为上下两篇，上篇主要从演说的重要意义入手，讲述了演说的价值，然后分别从演说准备、演说的道具、演说稿等方面介绍了演说前的准备。下篇阐述了必要的演说方法，包括：开场白、声音、表达、控场演说、脱稿演说、紧急情况的应对、结束等。案例典型，分析简单，方法适用，语言朴实。

演说，是每个人必须掌握的一项能力，只有不断努力，善于学习，才能将这种能力提高并为我所用。相信，这本书一定会给读者以思想的启迪。

姜岩

2021年3月

目录

上篇　了解演说魅力，提前做足准备

下篇　掌握演说方法，方能打动人心

上篇
了解演说魅力，提前做足准备

第一章　意义：超级演说的巨大魅力

高超的演说能力，可以让人重振旗鼓

要想打造一支优秀团队，就需要所有员工都饱含热情，提高团队的士气和精神，更好地开展工作。

《芈月传》是孙俪主演的一部电视剧。女主人公芈月，大家对她都很熟悉，很多人也十分钦佩芈月的霸气和大智慧。经过她的苦心经营，秦国最后发展为第一大强国，扫荡六国、统一全国。这样的伟业被一个女人完成，可以说是历史的一大奇迹。最后，芈月当上了秦国的太后，拥有极高的地位，是最高当政者，权力甚至超越当时的皇帝。

芈月之所以能够成就大业，不仅在于她精通政治权术，还在于她是一名优秀的军事家，善于振奋士气，坚定不移地厉行法治。当初秦国的国力还不够强大时，为了提高秦国在战场上的战斗力，芈月想尽了办法。比如，为了让将士们更有士气，让将士们心甘情愿地在战场上为国效力，增强军队战斗力，芈月决定实行商法。

芈月看到了商法的优势和独到之处，为了在全国上下推行商法，她不惜和众王公贵族翻脸，力排众议，坚决将律法铁条推行到底。当时，她有这样一段气壮山河的演说：

你们当初当兵，必定不是为了造反；你们沙场浴血，卧冰尝雪，千里奔波，赴汤蹈火，为的不仅仅是效忠君王，保家卫国，更是让自己活得更好，让自己在沙场上挣来的功劳能够荫及家人，为了让自己能够建功立业，人前显贵，是也不是？

今日站在这里的，都是大秦的佼佼者，你们是大秦的荣光，是大秦的倚仗，是也不是？

我大秦曾经被人称为虎狼之师，令列国闻风丧胆，可就在前不久，五国陈兵函谷关外，我们却束手无策，任人勒索宰割，这是为什么？我们的虎狼之师呢？我们的王军将士呢？都去哪儿了？

大秦的将士，曾经是大秦的荣光，可如今却是大秦的耻辱。当敌人兵临城下的时候，你们不曾迎敌为国而战，却在王位相争中自相残杀，这就是你们的作为。曾经商君之法约定，只有军功才可受爵，无军功者不得受爵，有功者显荣，无功者虽富无所荣华。可有些人就是不愿意尊商法，要恢复旧制，所以派人来杀我，你们不情愿也不想实行新法，是吗？

为何你们站在了靠祖上余荫吃饭的旧族那边，自愿成为他们的鹰犬，助纣为虐，使得他们随心所欲、胡作非为，使得商君之法不得推行，使得兄弟相残、私斗成风？你们的忠诚，不献给能够为你们提供公平、军功、荣耀的君王，却给了那些对你们作威作福、只能赏给你们残渣剩饭的旧族们，是吗？

将士们，我承诺你们：从今以后，你们所付出的一切血汗都能够得到回报，任何人触犯秦法都将受到惩处，秦国的一切将是属于你们和你们儿女的，今日我们在秦国推行这样的律例，他日天下就都有可能去推行这样的律例，你们有多少努力就有多少回报，你们可以成为公士、为上造、为不更、为左庶长、为右庶长、为少上造、为大上造、为关内侯，甚至为彻候，食邑万户，你们敢不敢去争取，能不能做到？

……

（内容引自《芈月传》，有删减）

当着众将士的面，芈月直言，秦国的刑法面对的是所有人，只要触犯了刑法，任何人都将受到处罚，确保了刑法的公平和正义。如此，让士兵对芈月更加敬佩，让平民也看到了生活的希望。因为在那个时代，很多士兵参军就是为了解决温饱问题，只想讨个生存。可是，如今的芈月却向他们伸出了橄榄枝，并给予丰厚的奖励，自然能够激发他们英勇杀敌的斗志，保家卫国。

善于演说的人，一般都能够鼓舞人心。为了让人们重拾信心，完全可以营造一种浓厚的氛围，鼓励人们在个人成就、个人能力和他人满意度上继续进步。

成功的演说不仅能以理服人，还能以情感人。列宁曾指出："没有人的情感，就从来没有也不可能有人对真理的追求。"演说者会借助声音、语调、姿势、动作、表情等直观地表情达意，激发听众进入激动欢呼、义愤填膺、泪涕涟涟、痛心疾首等不同的情感状态。

一旦真理的启迪、情感的激发、艺术的感染形成一种合力，就能对听众产生巨大的影响，最终鼓动听众产生符合演说目的的行动。这是演说的终极目标，也是演说优于其他艺术的关键所在。

2017 年，我在上市公司易事特（300376）任易事特大学副校长，迎来了和君商学院 40 余位优秀同学。

这些来访的企业高管与我进行了深入交流与互动。交流环节由管理三班的副班长陈钢先生主持，首先，我介绍了易事特集团发展历程和战略规划。我演讲的重点强调“在当今时代，没有一种商业模式是永续的，没有一种核心竞争力是永恒的，没有一种资产是稳固的”。其次，和君商学院管理三班的班长姚衡先生介绍了和君商学院的基本情况。双方进行了友好的交流与互动，现场气氛热烈，学员提问不断，我都一一作了答复。

全场掌声不断，易事特大学游学活动取得了圆满成功。谈笑有鸿儒，往来无白丁。这些来自企业的学员们明白，企业面向未知和未来的探索、发现和实现能力，已经成为能否在下一个时代生存的必要条件。“要接受更大的挑战、承担更大的责任，学习是最有效的途径，甚至是最好的捷径。”这是企业家们的共识。

高超的演说能力，让彼此沟通无隔阂

在我们的现实生活中，存在这样一种现象：

内容完全相同的一句话，由不同的人说出来，会有明显的差别。有的人说一句话，别人都愿意听；有的人说完后，别人却无动于衷；有的人说一句话，就会得到对方的认可或喜欢；有的人说完之后，则会被嫌弃。差别为何如此之大？主要原因就在于，每个人说话的温度不一样。

言语中温度的不同导致了结果的天壤之别：有的人说完后，听者会觉得如一阵微风，徐徐而来；而有的人说话的语气冷冰冰的，只能让人心生警惕和戒备。真正会演说的人，一般都有着极强的沟通能力。

要想提高自我情商，首先就要提高自我沟通能力。有这样一个案例：

1939~1945 年，艾森豪威尔担任盟军统帅，一次，他到外面巡视，看到一名士兵整整一天都在挖壕沟，便走过去问："大兵，你现在过得还行吧？"

看到是将军，士兵立刻停止了手中的活儿，站定，敬了个礼，说："我在这里没日没夜地挖，这哪儿是人过的日子啊！跟我原本想象的完全不同。"

艾森豪威尔感慨地说："我觉得也是。上来，我们到那边走走。"他一边说，一边用手指指远处。

艾森豪威尔带着士兵在营区里慢慢走着，给他讲述了自己当将军的痛苦："虽然我肩膀上挂了几颗星，但也会被参谋长训斥……打仗前一天晚上睡不着觉……我对自己的未来也感到迷惘啊！"

最后，艾森豪威尔说："其实咱俩完全一样，只不过你在坑里，我在帐篷里，但人们根本就不知道'谁的痛苦大'，我很可能会死在你前面。"

当两人再次绕到那个坑附近时，士兵说："将军，我突然觉得挖壕沟其实也不错。"

在这个案例中，士兵对自己的工作不满，可是艾森豪威尔将军却没有机械化地命令，更没有直面地开解，而是给下属讲述自己工作中的烦恼，化解了下属心中的不满。

现实生活中，人们彼此之间需要联络感情、交换思想和交流见识，而通过演说，就能让人们之间更加了解，友谊更加深厚，生活更有质量，工作更容易开展……难怪卓越的演说者通常都会通过演说方式广泛地与他人建立关系。

演说能力强的人，通常具有三个特质，只要从这三方面下功夫，就能持续提高沟通能力。

1. 强大的共情能力，迅速走入对方的内心世界

共情是快速建立和他人沟通联结的方式方法，演说能力强的人一般都懂

得和他人共情，往往共情能力越强，沟通能力就越强。

所谓共情能力，就是进入对方世界的能力。对于个人来说，共情能力是彼此建立联结的关系，如果想跟他人合作，首先要具备共情能力。

共情能力是我们和对方发生共鸣的能力，需要我们放空心态，全然去感受对方的需求和心声，去倾听对方。

真正的演说高手都是懂得倾听的，在人际关系中，他们通常不会急于表达自我，会安心安然地倾听，往往越懂得专注倾听别人，越能抓住对方的需求。

心理学家研究发现，懂得专注倾听，才能疗愈对方，才能看到对方的情绪和心思。共情能力是沟通高手必备的第一素质，要想提高沟通能力，就要多倾听少说话，放下自我的看法和情绪，读懂别人的言外之意。

2. 读懂他人的需求，才能和他人合作

每个人都要明白，人和人是不同的，但人的基本属性却是相通的。每个人都有自己的需求，需求是建立沟通的开始，也是沟通持续的关键。

每个人都不是一座孤岛，都渴望归属感，都渴望提高自我价值。真正的演说高手都会极力寻找彼此的共性和需求，从而建立起沟通和联结。

人和人是不同的，不要强迫别人跟你类似；同时，人和人之间又存在一定的共性，任何人都可以联结。只有学会求同存异，才能找到沟通的契合点。而好的契合点，一般都来自我们对彼此世界的发现和塑造。

演说能力强的人，能快速找到对方的需求点，跟他人建立起真正的联结。鬼谷子曾讲过，人的需求是分层次的，高层次的人追求的是精神上的刺激，低层次的人追求的是感官上或物质上的刺激。找到每个人的内在需求点，就能跟对方建立合作，跟他人和谐相处，形成价值和利益的联盟体。

3. 内在平和，懂得管理自己的情绪

真正的沟通高手，一般都能驾驭自己的情绪。他们明白情绪对人的影响，跟他人沟通时，自然能摆脱情绪对自己的影响，帮助我们更加客观地看待事情和他人的真实样子。

沟通高手一般都懂得情绪对人的影响，只有剥离情绪，才能让自己更有智慧，继而高效地做出判断和决策。

真正演说能力强的人，会时刻主动感受自我情绪，让自己处于平静状态，保持安静的心境和心地。只有经过长时间的训练，才能对自己有更深刻的了解。

良好的沟通更多地来自我们对情绪的掌控，也来自我们对情绪的了解，更来自我们对情绪的疏通。唯有如此，才能在跟他人沟通的时候，在别人愤怒时，听到对方的心声，让对方真正安静下来。

高超的演说能力，是说服他人的重要条件

演说家最强大的技能之一，就是说服别人相信你的想法是正确的。

掌握演说技巧，用好增强说服力的秘籍，就能使演说效果提高百倍。

演说的目的就是让他人接受你的观点并积极行动，即使演说再有吸引力和感染力，不被他人认可，无法说服他人，也不是真正优秀的演说。那么，如何让听众心甘情愿地听你的演说并接受你的观点呢？

新学期开始，李老师担任初二（9）班的班主任。这是整个年级最差的一个班级，李老师感觉有些苦涩。

开学第一天，按照学校的要求，各班学生平整操场。其他班级都开始操作了，本班学生却都躲在阴凉处，不愿意干活，李老师下了几道命令都无济于事。最后，他想到一个以退为进的办法，说："我知道你们不是不想干活，而是怕热吧？"学生们都不愿承认自己懒惰，纷纷表示确实是因为天气太热了。

李老师说："既然是这样，我们就等太阳下山了再干活。现在，可以自由活动一会儿。"学生听了，纷纷点"赞"。

为了让学生们重新振作精神，李老师自掏腰包买了几十根雪糕分发下去，让学生们解暑。

周围很快响起了说笑声。自由活动结束后，学生们立刻开始劳动，太阳还没落山，就完成了任务。

在生活中，需要说服的对象有很多，比如，父母、上司、顾客、朋友、主考官……有时候，遇到突发情况，更需要我们巧妙地使用说服技巧。其实，想要提高自己的演说能力真的不难，只要掌握适当的演说方法，说服对方接受你的意见、观点或产品即可，无论任何时间、任何地点。

一次，公司举办团建活动，可是就在大家辛苦奔波，赶到事先预订的旅馆时，工作人员却告诉他们，由于员工工作失误，原来订好的套房（有单独浴室）中没有热水。为了解决这件事，领队约见了旅馆经理。然后就有了下面这段对话：

领队："对不起，这么晚还把您从家里请来。但大家刚下车，满身是汗，都需要清洗一下。而且，我们预订时，你们承诺说会供应热水。事情无法解决，只能来找您了。"

经理："对于这件事，我也没办法。我已经打电话问过锅炉工了，他下班离开时忘了放水，他家离旅馆挺远，不方便过来。我已经安排工作人员打开了集体浴室，你们完全可以去那儿洗。"

领队："我们确实可以到集体浴室去洗澡，不过，按照约定，有单独浴室的套房每晚每人50元。现在我们都到集体浴室洗澡，降低到统铺水平，我们只能按照统铺标准，每晚每人15元。"

经理："这怎么能行？"

领队："那你们只能按照约定，供应套房浴室热水。"

经理："我确实没办法啊。"

领队："您有办法……"

经理："你说，如何解决？"

领队："您可以采取两个办法：一是把锅炉工召回来，让他来处理这件事；二是可以让你的员工给每个房间拎两桶热水。当然，我会配合您，劝大家耐心等待。"

最终的结果是，经理派人找回了锅炉工，半小时后每间套房的浴室都有了热水。

在日常生活中，很多境遇都需要我们来说服别人；在短短一天的时间里，可能有意或无意地会进行多次说服性沟通，比如，在团队中，说服上级同意自己的提议；用餐时，说服其他人选择你喜欢的餐馆；下班后，说服爱人陪自己一起玩游戏；等等。既然演说对说服力的促成有如此大的推动作用，那如何提高这种演说能力呢？

提高演说口才说服力需要做到：

（1）要坦率地回答问题。听众提出问题后，要坦率地回答；不要掖掖藏藏，要坦诚公布。比如，听众问“这款产品价格太贵，能否打折？”如果公司确实有打折优惠，可以直接告诉他们，不要故作神秘地说“我回去给你向公司申请一下”或“产品介绍完之后，咱们单独聊……”

（2）为听众提出最好的建议。给听众最好的建议，听众才会相信你，才不会离开现场，你才能立于不败之地。有些听众之所以来听你的演说，其实就是为了解决自己的问题或者想从你这里得到一些好的建议。这时候，如果你让他失望了，他多半不会坚持听完你的演说。

（3）采用外交辞令和策略。每个人的观点和认知都是不同的，要想通过演说说服别人而不得罪任何人，就要圆滑老练一些，不能太耿直。尤其当对方比较固执或问题比较棘手时，更要灵活一些，甚至还要使用一定的外交辞令。

（4）使用具体词汇和专业词语。使用具体的词汇，简单发布命令，才易于他人理解。例如，如果想让某个人跟你来，你完全可以直接说“跟我来”，相信任何人都会明白。

（5）直截了当且中肯。如果想让对方接受你的观点，或想在自己所说的事情上获得驾驭人的能力，就要直截了当，不要拖泥带水，集中一点，不要分散火力。

（6）不要夸口。多数人都不喜欢夸夸其谈的人，既然要说服他人，就要实事求是，不要夸大海口，更不能言过其实。在陈述某件事或某种情况时，还要动脑筋，不要把话说死，要为自己留有余地。

（7）用权威的腔调讲话。为了达到这个目的，在正式说话之前，你要熟悉自己所讲的内容。因为，演说者对所讲内容了解得越多、越深刻，讲起来才越生动、越透彻。

（8）使用简单的词汇和句子。好文章一般都文字简洁，这样的文章也最容易理解，同样在演说时，要想让他人接受你的观点，也要尽量使用简单的句子和词汇。

（9）不要盛气凌人。不管你的职位多高，不管你多有钱，即使是某个领域的权威人士，与人说话时，切勿摆出一副高高在上的姿态，不能傲慢自大，不要气势逼人。

高超的演说能力，是领导者的第一要务

所有的商业活动都建立在人的活动基础上，所有的商业行为都是基于社交的行为，语言作为一种社交工具，既是最直接的，也是最有效的。只有具备一定的演说思维，才能打破常规，让你的演说更系统、更有逻辑、更有框架。

美国管理学家彼得斯曾说过：“21 世纪的工作生存法则，就是建立起个人品牌。”著名投资人徐小平也说过：“每个创业者都应该成为企业的代言人，这一点毫无疑问。”那么，这些企业创始人为何多次在公共场合为自己的企业背书？当然是为了塑造好的品牌形象或企业形象。

如今，越来越多的企业家都开始从幕后走到前台，比如，王石、潘石屹、刘强东、雷军等，他们一改企业家的身份，化身为广告代言人，让企业形象随着 CEO 本身的形象走进人们心里，提高宣传效果。

《教父》拍摄于 1979 年，主角是维克多·柯里昂，在各影评榜上的评分都位居前茅。这部电影虽然是黑帮题材，却表达了许多具有价值观意义的态度，比如，对男人的定义、对家人的照顾、对家庭的担当、人情与公道、忠诚和背叛、危难与逆转等，让很多听众产生了共鸣进而去思考。

片中许多精彩的场景和对白给听众留下了深刻印象，比如，维克多·柯里昂表现出来的卓越表达能力就是其中之一。笔者摘录几个场景，与大家分享这些演说背后的奥妙。

电影开头，殡仪馆老板包纳·萨拉向维克多·柯里昂讲述了自己的不幸遭遇，并向教父提出请求。这段台词堪称经典。

维克多·柯里昂："我们相识多年，这是你第一次来找我帮忙。我甚至都记不起，你上一次请我到你家喝咖啡是什么时候；更何况，我太太还是你独生女的教母。坦白地说，你从来就没想过想要我的友谊，你怕欠我的人情。在美国你将生意做得很成功，发了财，警察和法律都保护你，不需要我这样的朋友。现在你来找我说寻求帮助，却对我毫不尊重，你不愿意把我当朋友，甚至不愿意喊我一声教父。你甚至还在我女儿结婚当天，用钱收买我为你杀人。"

包纳·萨拉为自己解释："请你派人杀掉那两个凶手，是在主持公道。"

柯里昂纠正："那不是公道，你女儿如今还活着。"

包纳·萨拉改口："让那两个浑蛋像我女儿一样受尽折磨，我该付你多少钱？"

柯里昂（站起来，走到椅子背后）："包纳·萨拉，我到底是做了什么，让你这样不尊重我。如果你以朋友的身份来找我，那两个伤害你女儿的人渣就会受到应有的惩罚，你的敌人就是我的敌人。"

这段开场白给很多人留下了深刻的印象。这段对话中，教父的表达精准犀利，着实令人折服。显然，包纳·萨拉试图把这件事情当作一次买卖，教父却直接指出这里不存在这样的买卖，如果自己愿意帮他，也纯粹是因为彼此多年的交情；虽然两人交情不深，之前你也不尊重我，但如果从现在开始你把我当朋友，给我一些尊重，我依然会为你提供帮助。这段对话，精彩地勾勒出柯里昂的为人特点。

第二个场景：

听了片刻，教父就帮纳色利把他没有表达的诉求说了出来："你想让即将被遣返回意大利的安索留在美国，跟你的女儿结婚？"

纳色利的心思被猜中，激动地站起来，说："你居然什么都知道。"

在这个场景中，纳色利话还没说完，教父就猜出了他的意思，充分展现出他的善解人意，表现了对老朋友的亲切态度。

第三个场景：

教父听到对自己很忠诚的粗人路卡·布拉西祝贺柯里昂女儿的婚礼。

路卡·布拉西不善于表达，在教父面前显得有些拘束，教父认真地听完了他的话。在倾听的过程中，教父通过自己的身体语言告诉路卡·布拉西：你我是平等的，我尊重你。

第四个场景：

教父和大毒枭索拉索谈判，听说索拉索想邀请柯里昂入伙，柯里昂站起来，走到索拉索的身边坐下，说："我之所以愿意见你，是因为人们都说你是一个正直的人，但是我依然不会接受你，不过我会告诉你具体原因……"

这段对话把柯里昂坚定的立场和坚实的底气完美展现出来。

这些场景都很好地呈现了维克多·柯里昂卓越的表达能力。

事实证明，优秀的领导者都具有非凡的表达力，都懂得用语言来传播自己的思想。只要是他们声音企及的地方，思想一定会提前到达；越是优秀的领导者，越注重演说能力的培养。

在社会高度发展的今天，很多人都认为领导者每天都很忙，日程都安排得很紧张；再加上这个时代赋予每个人的巨大压力和心浮气躁，在紧张的工作日程中，领导者对下属讲话甚至与合作伙伴沟通的时候，总会陷入无心聆听的状态，很少有人能站在对方的角度来倾听。听完下属或合作伙伴的发言，因为着急等原因，领导者被个人被情绪所控制，自然无法恰到好处地表达自己的观点。究其原因，主要还是领导者容易焦躁。如此，必然会导致领导者与下属、领导者与伙伴之间的合作效果遭受重大损失，错失许多合作的机会。

丘吉尔曾说，一个人可以面对多少人讲话，就有多大的成就。你的领导力就有多大，你的边界就有多大。作为一个领导者，如果你不会演说，就无法带领你的团队。每个优秀的领导者都应该在日常生活中不断地提高自己的演说能力。

切记，在现代商业社会中，演说就是你的领导力。

第二章　价值：你的演说魅力值几分？

声如其人，听声辨人

生活中，很多人都有这样的体验：你坐在房间里，外面走来一个人，听着对方跟他人的招呼声或说话声，就能知道这个人是谁。这就是我们常说的“声如其人，听声辨人”。

听声辨人是晚清名臣曾国藩掌握的一门独门绝技，通过说话的声音，他就能辨认出这个人的性格特征和身份，之后再将这些人安排在不同的工作岗位上。这是因为，虽然在我们的一生中声音可能发生变化，但是在相当长的时间里都是稳定的。

人们对于声音的喜爱并不是一成不变的。随着年龄的逐渐增大，我们对于能够接受的声音也会发生变化。因为没有经过专业训练，演说时，我们会遵从自己的主观态度给出最直观的反应，让事情的发展远离初衷。因此，与他人交流的时候，只有学会倾听，才能从声音中判断出对方的性格特征，然后站在对方的角度上思考问题，做出最合适的回应。

概括起来，我们可以把人的性格大致分为四类：领袖型、影响型、支援型和较真型。

领袖型的人的声音一般都饱满洪亮；影响型的人的声音简短清晰；支援

型的人的声音和缓轻柔；较真型的人的声音则短促有力。对一个人形象的评价，通常都要坚持“五五、三八、七”原则，即一个人的形象 55% 来自外形，38% 来自声音，7% 来自说话的内容。事实证明，声音确实能引起对方心灵的共鸣。

我们虽然可以通过伪装将自己的性格和欲望隐藏起来，但那只是表面现象。其实，只要仔细研究一下就会发现，一个人的性格和欲望都会通过行为、声音和面容等表现出来。

（1）说话低声细气的人。有些人说话声音很小，气息也很微弱，这种人与他人相处时，一般都会小心翼翼，警惕性很强，总是有意或无意地与他人保持一定的距离。他们性格内向，优柔寡断，缺乏自信，不会轻易跟他人透露自己的深层想法；他们宽容待人，不喜欢为难他人，不会主动招惹麻烦。还有一种人与他人交谈时，声音会越来越小。这类人一般都喜欢搞小动作，容易跟他人产生争执甚至闹矛盾。

（2）根据对象改变声音的人。有些人会根据不同的对象改变自己的声音。这种人一般为人处世圆滑，面对不同的人会使用不同的语言。如果对方不如自己，他们会变得盛气凌人、不可一世；如果对方在某方面强于自己，则会低声下气，显得十分顺从。这类人有着极强的忍耐力，一旦在上司那里受了委屈，他们会立刻转嫁给下属、公共场所或家人；他们有很强的自卑感和攻击性，喜欢跟下属耍威风，会对商家提出无理要求。

（3）声音娇滴滴的人。有些人说起话来嗲声嗲气，好像小女子一样。这种人一般都渴望温暖，希望得到大家的喜欢和爱护；做起事情来，心浮气躁，喜欢说谎。如果生活在单亲家庭，他们渴望被年长者温柔以待；若男性喜欢以这样的声音说话，多半是家中的独生子。他们对待女性，通常都非常含蓄；跟女性面谈时，会感到特别紧张。这种人一般都优柔寡断，做事拖拉，没有魄力。

（4）语气刚毅坚强的人。这种人一般都胸怀坦荡，为人处世大方，讲究原则，是非分明；他们有着较强的组织性和纪律性，严格要求自己，会成为他人拥护和爱戴的对象；他们多数是领导，通过辛苦的努力，能够做出一番成绩。但这类人不喜欢变通，思想比较顽固，不喜欢与人商量，不受同事待见。

（5）语气温和而沉稳的人。这类人一般都有着长者风度，说话温和而稳重，善于思考问题，做事有条理，耐力极强，一旦明确了目标，就会按部就班地坚持到底，直至达成目标。与这种人交往，开始时可能会觉得有些问题，但时间长了就能感受到他们的忠诚可靠。

（6）声音沙哑的人。声音沙哑的人一般都有着极强的行动力和耐力，他们富于冒险，不怕挫折，越挫越勇，不达目的，誓不罢休。他们会合理使用自己的优势，具有领导的气魄和风范；但有些霸道，自以为是。

（7）经常唉声叹气的人。这类人一般都比较自卑，心理承受能力差，遇到失败，就会觉得老天对自己不公，会沮丧颓废，甚至萎靡不振。他们总是抱怨连连，不喜欢从自己身上找原因，总是将失败的原因归结为外部环境。

（8）语气凝重深沉的人。这种人一般都思想成熟，责任心很强；他们学识丰富，深谙为人处世之道，但性情直爽，工作中总是不得志；他们自尊心很强，争强好胜，无论做什么，都喜欢争一争。

（9）语气圆通和缓的人。这种人往往心地善良，性情开朗，为人豁达，待人热情，具有同情心和包容心。与人交往，圆滑老练，不容易得罪人。此外，他们虽然不喜欢新鲜事物，但一般会表示理解。

职场最重要的技能是什么？演说

一个人即使学富五车、才高八斗，不善于表达，也不会被他人知道，更得不到领导的器重。所以，要想在恰当的时候将自己展示出来，就要依靠好的演说能力。

最近小婷感到很苦恼，因为她辞掉了上份工作，怎么也找不到合适的工作，已经在家赋闲半年，整天都处于惶惶不安中。

朋友问她，为什么会找不到工作？

小婷说，她品学兼优，大学期间成绩一直名列前茅，专业能力不差，但不善于表达。去几家公司进行了面试，面试官看到她的简历，都对她有好感，但只要一聊天，结果就会差很多。她也知道原因，就是自己“不会说话”，跟面试官沟通时会“脑子短路”，语言缺乏逻辑性，让对方对自己的专业能力产生怀疑。

表达能力在职场中的重要性由此可见一斑。

行走职场，你需要具备两种能力，第一是硬实力，专业技能；第二是软实力，综合素养。

职场中流行着这样一个公式：

职场竞争力 = 硬实力 × 软实力

公众表达能力，就是一种软实力。它可以迁移，任何行业、任何岗位都适用。

柳传志有一个著名的“把式论”：“光说不干，假把式；光干不说，傻把式；能干会说，真把式。”

生活中，我会不时地收到这类消息：岗位竞聘成功了、比赛获奖了，感到特别开心。当然，也有令人惋惜的画面。

第一个画面：

有一次在银行培训，一位支行行长私下跟培训师说，如果我提前一星期过去就好了。培训师问，为什么？行长说：因为在一星期前，他们行里有一个非常重要的岗位竞聘，他已经做出了很多成绩，结果竞聘演说讲砸了，错失了晋升的机会，非常可惜。

还有一个画面：

一位中层干部负责一个项目的开发，年底向集团领导汇报，结果，由于准备不充分、表达不清晰，导致上级领导没听明白那个项目的价值。自己辛苦了一年，努力全白费了。他打电话给同学时，声音中透露出深深的遗憾和叹息。

可见，只有主动锻炼公众演说能力，才能把握住关键时刻，让你的努力不白费，让你的付出被认可。

演说是一个人德、识、才、学的综合体现，只有“内外兼修，标本兼治”，才能让自己的心灵不再沉默，让说话的价值增大百倍。

著名主持人杨澜曾到武汉大学做演说，主题是“打开你的世界”。

上场后，杨澜看看讲台，发现自己站立的位置距离大家有点远。为了使自己离听众更近一些，她大声地冲台下的听众说：“把这椅子搬到前面好不好？”然后，她便亲自将椅子搬到了舞台最前方，还自嘲说：“如今做女人都得有点力气。”现场爆发出一阵笑声。

坐定后，杨澜刚要开讲，门外便传来了“开门，开门，杨澜开门……”的喊声，原来，会场外也挤满了人。很多人没机会进场，不得不在门外侧耳聆听。

面对学生们的热情，杨澜深受感动，虽然有些遗憾，却不乏幽默地说：“真是有些不忍，不过，他们的呼喊正好呼应了我今天演说的主题——虽然很多门是关着的，但总会有新门会为我们打开。人生就是通过打开世界寻找自我的过程。”话音刚落，掌声四起。

演说过程中，杨澜不仅讲述了自己的成长故事，还跟学生们谈起了自己当年的求职经历，并告诉大家成功与幸福究竟是什么。学生们听得津津有味。

演说过程中，一位身着单薄的礼仪小姐上台给她续茶，杨澜幽默地提醒：“天冷，穿上外衣吧，太美丽动（冻）人了。”一句话，再次赢得了热烈的掌声。

一个小时的演说很快结束了，同学们不禁感叹：“杨澜是一位成功女性，也是我们的偶像，今天的演说，她确实没有让我们失望。特别是她的三个小举动，更是细心感人，给我们留下了深刻印象。”

杨澜在武汉大学的这次精彩演说确实非常成功，因为她真正抓住了听众的注意力，使听众融入了情境中，随着演说内容情绪高涨，学生们热血沸腾，感同身受。

要知道，在职场上，会干的不如会说的，处理人际关系、传递信息、协调工作等，都需要有良好的表达能力，只有善于沟通，才能让事业更上一层楼，获得更多的工作机会。

汇报工作需要演说，晋职加薪需要演说；

介绍产品需要演说，商务谈判需要演说；

鼓舞员工需要演说，凝聚人心需要演说。

很多人在职场中默默无闻，很大一部分原因就是不会演说、不会沟通，无法很好地将自己的价值传递出去。

在传播学理论中，口语传播的渊源最为悠久，而演说正是口语传播的重要形式。

如果你是一名企业管理者或老板，从一定意义上来说，你的影响力取决于你的演说力，你的领导魅力则会通过各种场合的演说体现出来。如果你是一名普通员工，演说能力就显得更为重要。

不会演说，会让你错失多少机会？

不会演说，机会就会从你身边溜走。

有这样一个故事：

公元前260年，秦国和赵国发生了闻名千古的长平会战。最终，秦国获得胜利，坑杀赵国40万兵士；赵国军队主力全军覆没，全国震惊，陷入恐慌之中。

秦国获胜后，没有停止脚步，三军统帅白起将大军分为三路，打算乘胜攻击邯郸，将赵国一举消灭。

眼看国家就要覆灭，赵国非常着急，于是派苏代带上重礼去拜访秦国宰相范雎，并对他说："我们赵国一旦灭亡，秦国就成了天下之主，白起功劳极大，必然会升任到三公高位，力压宰相，你愿意当他的属下？即使你真的愿意，恐怕他也容不下你。"

之后，苏代又从国家利益角度劝说："秦国将赵国灭掉之后，赵国人必然会逃散一空，秦国根本就得不到多少人口利益，与其如此，还不如接受割地，如此才能让秦国利益最大化，为何要让白起建立功劳？"

苏代的这番说辞，让范雎的内心受到强烈震撼，于是他觐见秦昭襄王，说："我国拿出自己的全部国力才能应对战争，军队长时间在外面，已经十分疲劳，出现一点差错就会前功尽弃。不如让赵国割地讲和，等我们的将士休整好之后再出击攻打。"

秦昭襄王思考片刻，同意了范雎的建议，之后下令立刻撤军，赵国免除了亡国的命运。

赵国之所以没有被秦国吞并，主要原因就在于范雎认同了苏代的说辞。正是苏代的演说，让国家赢得了生存的机会。

竞争激烈的现实社会中，谁能脱颖而出？

在第二季《超级演说家》中，刘媛媛对"寒门再难出贵子"的说法进行了驳斥，她说："我们家就是寒门，我们家甚至寒门都不算，我们家都没有门。"那时候的她，正在北大读法律硕士。

良好的演说和表达力，让刘媛媛在《超级演说家》的舞台上一举夺冠，不仅提高了个人名气，还收获了事业。

为什么演说能让普通人成功逆袭？演说，让人们更加自信。借助这份自信，面对生活中的挫折和挑战时，我们就能更勇敢，更加无所畏惧。

2019年电视剧《都挺好》大火，女主人公苏明玉就是一个演说能力超级强悍的人。苏明玉不到30岁，事业有成，在公司担任要职，但她在家里却毫无地位。就是这样一个从小不被家人重视的女孩，却经过自己的努力，逆袭成为整个家里最有话语权的人。

她的成功，除了自己的努力外，还跟她的表达能力分不开：

蒙太气势嚣张，明玉仅用几句话就把他应付走了；

同事家属拦路阻截，明玉稳如泰山，仅用几句话便镇住了闹事者。

苏明玉对问题的处理总是一针见血、直击痛点，她的语言表达逻辑清晰，只要她想针对谁理论，这个人就会遭殃。

二哥苏明成得罪了周姐，最终失业，遭全行业封杀，找工作四处碰壁。明玉将周姐约出来，周姐态度傲慢，摆出一副不合作的样子。明玉没往心里去，也没有生气，在周姐临走前，她只跟她讲述了一段自己的经历：

我年轻时啊，也得罪过领导，还被修理了好多年。不过，没几年我就坐上了比她更高的位置。

我也想报复啊，但想想还是算了，给双方都留点余地，挺好。

几句话就让周姐意识到：为人处世，留有余地，对双方都好。

看这部电视剧时，相信很多人都为苏明玉的表达能力叹服，有些人甚至会联想到自己因不会说话而吃过的亏：

跟领导一起接待客户，老板助理就像明星一样，仅说了几句话就成了焦点，而他坐了一晚上一句话都没说，结果不仅老板不满意，还差点得罪了客户；

跟领导汇报工作，领导不断地点头，领导总是先问他是否有意见，但只要他一说话，领导就显得不耐烦；

有人工作能力强，更会说话，经常会跟领导巧妙地表达自己的辛苦，而有人辛苦了一年，连个年终总结都写不好，慢慢地连同事都不愿意搭理他了；

自己本来不是表达那个意思，但是不知道为什么对方却理解成了那个意思，结果跟对方的误解越来越深；

开会有人最怕被领导直接叫起来发言，不知道说什么，好不容易说几句，却词不达意，越说语气越弱；

由此可见，不敢表达和不会演说，已经成为很多人心里的痛。

对于演说，很多人都有这样的疑问：我既不是企业老板，也不是协会会长，更不是社会公众人物，不参加演说比赛，需要学习演说吗？答案是肯定的。因为世界上 90% 的演说都是由普通人来完成的：

老师讲课是演说；

入职面试是演说；

竞聘述职是演说；

给员工开会是演说；

项目介绍是演说；

融资路演是演说；

工作总结是演说；

生日祝词是演说；

……

在这个时代，演说已经不是精英人士掌握的专有技能，而是每个人都需要学习和掌握的通用技能。因为，只有善于演说的人，才能赢得更多的机会。

会演说，让你成为万众瞩目的焦点

出色的演说能力，是快速提高个人魅力的方式。

前几天，才来公司一个月的小宇提前转正了。

小宇的工作能力很不错，但更让人惊艳的是他的表达能力。

每次开会，小宇都能自信、清晰、流畅地发表自己的看法，就连他自己都承认最喜欢电视剧《欢乐颂》中的安迪；

月底总结汇报，很多人都是照着幻灯片直接念，他却能完全脱稿演说；

下班聚会，他不仅落落大方，谈吐自如，还能将整个氛围带动起来；

……

虽然没有明说，但同事们都非常仰慕小宇，大家平时遇到什么问题，总爱寻求他的意见，领导也对他青睐有加，觉得他很有潜力。短短一个月，小宇就赢得了同事和领导的认可，顺利转正。

可见，出色的演说和表达能力，确实是提高个人魅力的利器。

第 50 届在金马奖的颁奖礼上，影帝黄渤说过的几句话在网络上风靡一时，他用自己的实力告诉我们：高情商会说话。

记者问黄渤："会不会觉得太累？"

黄渤直接否认，说："这是我的荣耀。"

郑裕玲问黄渤："这么重要的日子，你怎么穿着睡衣就来了？"

黄渤机智地回答："金马奖我总来，回家嘛，当然要穿睡衣了。"

2014 年，电影《心花路放》票房高涨，记者问黄渤："是不是要取代葛优成为'喜剧之王'？"

黄渤不慌不忙地回答："时代不会阻止你自己闪耀，但你也覆盖不了任何人的光辉。因为人家曾是开天辟地，在中国电影那样的时候，葛优老师是创时代的电影人。我们只是继续前行的一些晚辈，不敢造次。"

有时候，高情商的夸奖可能显得有些表面，但高情商的回答却带着从容、宽容、坦诚和努力。

善于公众演说，才能广泛地影响他人。演说，可以显示出一个人的能量；能量可以给一个人带来自信，能被他人引领和追随。

西方哲人曾说过："世界上有一种成就，可以使人们在最短的时间里完成伟业，并获得世人的认识，那就是讲话令人喜悦的能力。"演说，不仅能够扩大自身的影响力，还能培养良好的人际关系。在交往日益密切的当下，演说者不仅能在舞台上滔滔不绝地表达，其高雅的举止、得体的言语，还能营造出和谐氛围，促进人与人之间的认可与交往。

古希腊著名哲学家德谟克利特说过："要想让人信服，一句话常常比黄金更有效。"演说的重要性由此可见一斑。

演说不仅是一种说话的能力，更是一个人的表达能力、逻辑思维等的综合体现。一场有质感的演说，能够轻松地让听众产生共鸣。事实证明，世界上有影响力的人都会演说，都能站在舞台上闪闪发光，都能用语言去影响他人。他们掌握了演说的奥秘，懂得如何说出震慑人心的话，轻易获得对方的关注和认同。

第三章　准备：成功的演说都需要做好准备

塑造完美的演说者个人形象

知名媒体人杨澜说："没有人愿意通过你糟糕的外表，了解你高尚的灵魂。"

著名主持人倪萍也告诉我们："我一生中最大的错误，就是放弃了自己的形象。"

就连可可·香奈儿也肯定地说："穿得丑，大家只会记得那件衣服有多丑；穿得美，大家就会记得那个女人有多美。"

在人际交往中，一个人的风度和仪表会给他人留下第一印象。

如果你是一个朝气蓬勃的人，对方就能从你身上感受到时代的气息；

如果你是一个落落大方的人，对方就能感受到你的诚信和开朗；

如果你喜欢玩弄花招，别人就会觉得你为人轻浮，不值得信任。

成功的演说者都懂得塑造美的形象，他们会用自己的仪表来赢得别人的尊重和信任，并将自己的风度和气质等展示出来。

无论哪次演说，英国前首相撒切尔夫人都非常注意自己的形象，尤其是仪表。

撒切尔夫人在32岁时做了人生中的第一次演说。那次演说，撒切尔夫人穿了一件褐黑色的织锦缎长外套，前身钉了一排纽扣，领子是黑紫绒的。这种打扮使她看起来朴实稳重、镇定自如、才华横溢，保守党人受到鼓舞，该党议员也大声欢呼。

演说者对自己的个人形象不注意，会给听众留下恶劣的印象，让自己处于被动地位。

在美国总统竞选史上，就出现过这样一个失败的例子：

20世纪60年代初，为了争夺总统宝座，尼克松与肯尼迪陷入了厮杀。那段时间，为了赢得更多的选票，两人几乎每天都要在电视上发表施政演说。

肯尼迪年富力强，演说具有一定的鼓动性，很多选民都看好他。尼克松仪表稳健，演说具有律师雄辩的风格，也受到了人们的拥戴。可是，结果肯尼迪获得了胜利。

原因何在？因为在最后的关键时刻，人们从尼克松的脸上看到了倦容，他似乎异常疲惫，选民对他很失望。原来，上电视演说前，尼克松居然忘了整容按摩……于是，被肯尼迪钻了空子。

尼克松之所以失败，除了政治、经济等因素外，还跟他没有“整容”有一定的关系。由此可见，演说时一定不能忽视个人形象的塑造。

演说者以良好的个人形象出现在听众面前，会将他们的注意力吸引过来，从而对自己产生良好的第一印象。

演说是一门综合艺术，演说者多注意一下自己的个人形象，也就迈出了成功演说的第一步。

演说者不仅要有美的声音、美的激情，还要有美的仪表；不注意自己的个人形象，即使说话很有文采、妙语连珠，也无法将听众吸引过来。一旦给听众留下了恶劣印象，听众就会认为你很差劲，就不会主动配合你，更不会信服。

梅艳芳是香港著名歌星，她认为："能够让听众眼前一亮，吸引住他们，就是成功。"据说，每次上台演出时，她都会认真打扮一番，她也因此获得了"百变梅艳芳"的美誉。演说何尝不是这样呢？因此，在走上演说台之前，演说者一定要认真想想，如何策划自己的个人形象。

只有善于演说，才能缩短演说者与听众的心理距离，赢得听众的关注和尊重，形成融洽和谐的演说氛围，使演说顺利进行，提高演说质量。同时，注意个人形象，也是对听众的一种尊重。

1. 得体的服装

演说服装一般分两种场合：正式和非正式。正式场合偏向商务、工作型，穿着必须正式一些。

在正式场合，要这样穿衣打扮：

（1）衬衣。首先，不管是男士还是女士，都可以穿衬衣登台演说。衬衣最好选择白色和浅蓝色，不要皱巴巴，要提前熨烫平整。其次，不要穿短袖，不要太花哨，比如，将衣柜里的衬衣颜色控制在两种，一种是白色，一种是浅蓝色，然后根据自己的喜好以及具体场合做出选择。

（2）西装。西装颜色首选深蓝色和藏蓝色。在正式场合，可以穿单排双粒或三粒扣，但要扣好上面的扣子，还要将最下方敞开。因为敞开纽扣，坐在椅子上时，腹部就不会隆起，不会显得太难看。

（3）裤子。西裤要与上衣协调一致，不能太宽、太大，也不能太长，否则看起来会显得不美观。切记检查裤子的拉链，否则一旦出现错误，会很尴尬。

在非正式场合，可以根据演说的背景和听众类型以及演说主题，适当穿得个性一些。

2. 修饰搭配

鞋子、腰带、领带和袜子等也会直接呈现在听众面前，一定要多加注意。

（1）鞋子。要根据你的衣服和裤子来搭配鞋子，正式场合建议穿黑色皮鞋登台。

（2）腰带。要根据你的服装颜色来搭配腰带，最好系黑色腰带。

（3）领带。领带可以选三种颜色：黑色、蓝色和粉红色，可以根据自己的喜好，选择其中一种，比如蓝色的；也可以根据个人的风格，搭配黑色领带。需要注意的是领带的标准长度应当是让下端正好触及腰带扣的中间位置。

（4）袜子。最好穿深色袜子。

记住一个原则，全身上下不能超过三种颜色，越简单越好，越单调越好，要学会做减法。

3. 发型

发型，对每个演说者来说都很重要。发型能够折射出一个人的精神状态，更能赢得他人的良好看法。

（1）男士发型。要干练清爽一些。

（2）女士发型。要将长发盘起或扎起来，刘海及两边不能乱糟糟。

4. 站姿

站上舞台，演说者一定要落落大方，身姿挺拔，不要显得好像没有主见的样子。

（1）不要坐着演说，除非遇到特殊情况。比如，一家高管讲课，讲台上放着一排桌子和凳子，培训师只能坐着讲课，因为只有这样，双方才会感到舒适一些。

（2）尽量不要走动。演说者只有定下来，才能镇住场子，因此，演说者一旦站在台上，就要像定海神针一样定在那儿，即使想走动，也要适当。

（3）身姿挺拔，眼神坚定。演说者弯腰驼背，眼神飘忽，气场就会减弱很多。

（4）手不要插兜。除非你的个人实力特别强，否则不要这样做。

总之，要想塑造自己的演说风格，就要从打造良好的形象开始。如果你是一位专职演说者，更要下决心为自己精心搭配一套战袍，穿着登台，形成个人独有的形象。

事前熟悉会场，才能轻松上阵

不重视演说环境的布置，甚至放上很多与演说无关的东西，不仅会分散听众的注意力，还会让整个演说环境看上去不整洁。如果你已经起草了非常满意的演说稿，想让自己的演说获得成功，就要打造一个个性化的场景。

会场环境不利于演说信息的传达，可能会起反作用。在演说前，演说者一定要仔细检查会场，并在演说时尽可能地将演说内容与环境融合在一起。

事实证明，优秀的演说者通常都是演说所有环节的策划者，如果现在你还不知道如何着手，就要关注以下细节：

（1）提前到达演说会场，巡视一下，看看演说场合是正式的还是非正式的，是否适合演说；看看周围的环境如何，是否存在对演说造成干扰的因素，比如噪音等。

（2）确定讲台的位置，当主持人介绍你时你应该站在哪儿、什么时候上台、灯光是否会直接打在你身上；熟悉话筒，了解它怎样开关，练习用它说话，走路时不要被话筒电线绊倒。

（3）在布置演说会场时，一定要消除视觉上的障碍，比如，过期的通知、过去的活动挂图或白板上留下的记号、脏杯子、水瓶、玻璃杯、糖果包装纸等。

（4）花卉、彩色条带、海报、活动挂图、音乐等，都有助于营造氛围。遇到一些节日或特殊日子，比如，圣诞、周年纪念日等，可以作为灵感的源泉，根据你的风格和演说主题，将这些元素融入演说中。

（5）了解音像设备。无论是投影仪、幻灯机，还是录像机，都应确保它们能正常使用。然后，检查一下幻灯片或录像带的顺序摆放是否正确、整齐。如果需要使用投影设备，了解投影胶片如何更换，是否需要安排专人负责。

（6）准备好用于书写的东西。看看会场是否有可供书写的东西，有没有白板。如果有，先试着书写，看书写的效果是否清晰，如果不清晰就丢弃。最好用全新的白板笔。

（7）与组织者和主持人沟通。明确你由谁介绍、你将站在哪里。把写好的自我介绍交给主持人，确定他能叫出你的名字。为了便于听众了解，最好写 3~5 个关键信息的介绍。

（8）如果演说中要使用辅助工具，那么放置在哪里合适？听众的座位如何安排，是否有利于互动交流？

明确目的，演说方能有的放矢

在演说之前，要问问自己：你想通过演说达到什么目的，得到一个怎样的结果？否则，你的演说就会沦为一种信息传递。更糟糕的是，演说目的不明确，演说者就会不加选择地搜集信息、不假思考地乱讲一通，导致演说主题不清、重点不明，听众根本不知道你想讲什么。

没有目标，自己就会感到迷茫，不知该做什么；即使做起事情来，也会毫无章法。演说同样如此，不明确演说目的，就会废话一箩筐，听众听得昏昏欲睡。

主题，是演说的灵魂。不仅决定演说思想性的强弱，制约材料的取舍和组织，还会对主题和论证的调度造成一定的影响。目的不明确，演说也就失去了灵魂，即使演说者在台上讲得天马行空，听众也如坠入云里雾里。

这里有一段演说词：

文明，既是高雅的像征，也是有修养的表现；既是和谐的基石，更是成功的后盾。

在中华传统美德的大花园里，盛开着一朵美丽的文明之花。可是，在我们身边，一朵朵文明之花却在慢慢枯萎：

有人在街上随口吐口香糖，全然不顾他人的感受；

有人在景区乱刻“××× 到此一游”，风景名胜备受欺凌；

有人乱踏花草，为了走捷径，将自己的大脚重重地踩上去；

有人出口成“脏”，不遵守公共文明，不尊敬师长；

……

这些行为都是丑陋的、不文明的。

作为生活在新一代的青年，我们都肩负着保护文明之花的责任和使命，让我们自觉行动起来，做一个文明的使者吧。大家赶快行动起来吧。从我做起，做文明人，做文明事，让文明之花开得更鲜艳、更芬芳。

……

不可否认，这个演说是成功的。这篇演说主题集中，紧紧围绕“做文明人，让文明之花更亮丽”展开，没有横生枝节，没有给人丝毫旁逸斜出的感觉。

演说，既是一种讲的艺术，更是一种听的艺术。对于听众来说，声音会像风一样从耳朵穿过，演说主旨不集中或中心有多个，就无法抓到重点，给人晕头转向之感。演说主题不集中、不能给听众留下清晰印象，演说何谈成功？如何给听众留下好的印象呢？

目的明确，是每个演说者都应该注意的。因为只有明确了演说目的，才能决定材料的选择和取舍，才能确定语言风格，才能使用正确的技巧……有些放矢，临场应变。演说的时候，不明目的，无的放矢，东拉西扯，听众就会感到无所适从。因此，每次演说之前，演说者要想一想：“我为什么要说？”“人家为什么要我说？”可以预测一下可能产生的效果，并把预期的效果当目标去努力。

从总体来说，演说的目的就是让演说者与听众达成共识，让听众接受你的观点和意见，激起自己的行动，推动目标的实现。演说最常见的目的有六种：告知、说服、激励、娱乐、传播和教育。达到这些目的的难度从低到高——告知是最容易的，教育是最难的。只要这些目的能够指导你的行动，你就不会跑偏。

当然，在明确演说目的之后，最好用嘴巴将它陈述出来或用笔将它记下来。在陈述和记录演说目的时，尽量避免这样的开头："他们将更理解……""我将告诉他们……""他们将明白……""他们将考虑……"这种说辞会让你的目标表述含混不清。理想的目的应该表述清晰，比如，"演说结束后，客户答应给我提供一笔 300 万元的投资费用"，这样的表述才是具体的。

另外，演说目的表述得再清晰，若毫无实现的可能，也没有丝毫意义。因此，必须确保你的演说目的是可以达到的。比如，一次演说并不可能让一家濒临倒闭的公司焕发生机，却可以让团队成员重新树立信心，所以，可以把演说目的定为"让团队找回信心和激情"，而不能使用"让企业焕发生机"。

重视预演，熟能生巧

即使不是很重要的演说，主办方也会提前告知你，让你有时间针对演说主题准备讲稿。而要想取得好的演说效果，就要利用这段时间，去准备讲稿、熟悉内容、勤加练习。因为，熟能生巧。

2007 年 6 月 7 日，从哈佛大学辍学 30 多年的比尔·盖茨应邀在哈佛大学 2007 年的毕业典礼上发表演说。

比尔·盖茨的演说一共 25 分钟，在这段时间里，他与校友分享了自己的创业经历和人生经验，以及他对社会问题的关注和思考。

这次演说获得了巨大成功，流传甚广，堪称演说中的经典。但很多人不知道，为了这次演说，比尔·盖茨足足准备了六个月。

2006 年 12 月，比尔·盖茨开始为半年后的演说做准备。他亲自制订演讲计划，自己动手写演讲稿，还严肃认真地制作了一个时间表。针对演说中的各个环节进行了周密的计划和安排。

在正式演说的前两周，比尔·盖茨一直待在自己的办公室里反复演练。经过多次细心揣摩，多次模拟预讲，不仅把要讲的主题和材料牢牢记在了心里，还对演说中的手势、语气和停顿都进行了练习。

据说，在演说的前一天，在去波斯顿的私人飞机上，他还对着妻子大声朗读呢。

不可否认，比尔·盖茨的演说获得巨大成功，与他反复预演是分不开的。比尔·盖茨采用了非常有效的预演方式，这对他获得演说的成功起到了关键性的推动作用。

预演，可以让演说者理顺思路，强化演说的感觉；还能对演说中的问题进行修正，帮助演说者把控演说时间，让演说传达的信息更精练和明确，提高演说的信息传达效率，避免演说时出现超时、卡壳等问题。

充分的预演是成功演说的重要保障。因为，只有演说者大声地讲出来、用肢体表达出来，才能发现哪部分好、哪部分还有待改进。

演说内容通常都是演说者之前准备好的，有些东西在演说者看来是常识，但别人可能不知道，局外人的感受一般都非常客观。因此，在正式演说之前，演说者要邀请一两位朋友先听几遍你的演说，让他们提出改进建议。

这里，介绍几种常用的预演方式：

（1）头脑中预演。所谓头脑中预演，就是将演说内容在头脑中简单地过一遍。这种预演的层次比较浅，但是最容易执行，也最方便。比如，要做一个临时性演说，演说之前可能只有几分钟时间，这时就可以在头脑中梳理出结构、开头和结尾，然后再进行预演。

（2）纸面上预演。所谓纸面上预演，就是使用纸和笔等工具将演说的整个过程写写画画。这种预演使用了工具，比头脑中预演要麻烦一点，但可以让思维具有显示性，让思路变得更加清晰。比如，很多主持人或培训师在做主持或培训之前，都会进行预演并形成手卡。

（3）真人模拟预演。真人模拟预演也是一种排练。跟前两种比起来，这种预演复杂得多，因为排练需要他人来配合。比如，公司组织元旦晚会，你正好有节目，就需要真人模拟预演；拜访重要客户之前，也要进行模拟预演。

上台前的预演是非常重要的一步，要经过多次演练，有些细节也是需要注意的：

（1）语气词、口头禅。在长期生活中，很多人都会形成口头禅，比如，“嗯”“呢”“啊”等语气词或“那么”“其实”“然后”等，致使自己在演说时也容易习惯性地夹带这些口头禅，继而干扰演说。想象一下，你坐在台下，对方却一直带着“然后”在演说，你的脑子里自然就会不停地萦绕着“然后”这个词……为了应对这个问题，就要对着镜子练习，让自己的注意力更多地集中在动作和表情上，慢慢发现并纠正。

（2）下意识的小动作。紧张的时候，人们一般都会做很多小动作。这些小动作确实能缓解你的紧张心情，但对听众来讲却是灾难。站在讲台上，两只手不停地摆动或来回踱步，听众的注意力就会被吸引，继而远离演说主题。为了减少这些小动作，预演的时候，可以拿一卷稿纸，紧张时，就尝试着用手卷一卷。

（3）与听众互动。要想营造良好的演说氛围，通常需要跟听众交流，比如，眼神交流、语言互动、动作交流。预演时没有听众，无法及时修正，更无法知道听众在现场是什么样的，会不会冷场？会不会听不懂？对你来说，演说内容可能很简单，对听众而言却不一定。因此，预演时要找一些外行，让他们听听你准备的内容是不是足够易懂。

（4）不自然的表现。很多时候，你认为很自然的表情和动作，在别人看来也许并非如此。比如，总是比想象得更加严肃、紧张会让你的脸部变形……你的情绪会直接表现在脸上和动作上，这些都是不容易察觉出来的。对着镜子练习的时候，要关注这些不自然的表现，然后慢慢改正并消除。

（5）缺少激情。即使演说内容异常平淡，如果你表现得富有激情和热情，听众也愿意倾听你的思想。当然，这里的激情并不是传销式的大喊、洗脑式的共鸣，而是要饱含深情，要将演说主题中包含的情谊表现出来，让听众感动、震撼。

专业的演说者会把情绪对自己的影响降到最低，当他把演说内容、眼神交流和语音语调都预演到烂熟于心，现场任何突发状况自然不会影响他的自由发挥。

第四章　道具：看得见的演说最精彩

幻灯片，让演说构架清晰可见

有人曾经做过一个形象的比喻：演说就是带领听众踏上一段旅程，沿途的风景就是你绘制的一幅幅图画。所以，演说中，将你的想法转换成具有视觉冲击力的图像异常重要，要想做到这一点，就要借助幻灯片。

2006年，美国前副总统阿尔·戈尔在纽约市政厅会议上发表了关于全球气候变暖的演说，历时10分钟。

为了达到良好的演说效果，戈尔使用了幻灯片，震撼了每一位听众，产生了巨大的刺激。

那时候著名制片人劳瑞·戴维就坐在听众席里，他说："我从来都没有见过这样的幻灯片，确实很震撼。活动一结束，我就去征求戈尔的意见，让他把完整的幻灯片发给我在纽约和洛杉矶的朋友。如果他能跟我们合作，我愿意负责全部的组织工作。戈尔的演说是我听到过的关于气候变暖的最有力量、最清楚的解释，让我认识的人都看到他的幻灯片成了我的使命。"后来，劳瑞·戴维以气候变化为主题，拍摄了电影《难以忽视的真相》，荣获奥斯卡最佳纪录片奖。

试想，如果戈尔没有借助幻灯片直观地展示气候变暖的情况，就无法得到劳瑞·戴维“最有力量、最清楚的解释”的评价，更无法激发他拍摄纪录片的灵感。幻灯片在演说中的作用由此可见一斑。

人们在接受信息的时候，一般会分成多路信息接受渠道，其中最重要的信息接受渠道有两大类：一类是视觉，一类是听觉，剩下的就是人体其他感知器官的辅助，如触觉、嗅觉、感知觉等。

在我们所接受的信息中，70% 的信息来自视觉，30% 的信息来源于听觉和其他感知器官。可见，演说时，幻灯片、道具等能够可视化的东西确实很重要。

在节目《书呆子的胜利：微软发家史》中，乔布斯表示：“23 岁时，我的身家已经超过 100 万美元；24 岁时，我的身家已经超过 1000 万美元；25 岁时，我的身家已经超过一个亿（美元）——这时候，金钱对我来说已经不重要了，因为我从来不是为了钱而奋斗。”

一语道破天机，这段话区别了两种截然不同的人生——是成为一位非同寻常的演说大师，还是浑浑噩噩地度过一生？乔布斯曾经表示，对他来说，成为“坟墓里最富有的人”毫无意义，他希望“在每天晚上睡觉前对自己说，我们做了一件很了不起的事，这才是我的快乐和人生意义之所在”。

乔布斯发布会使用的幻灯片简明扼要，没有烦琐多余。当乔布斯发布 Mac Book Air 的时候，依然使用了幻灯片，一只手从一个普通文件纸袋中掏出一部电脑。还有一次，乔布斯在 10 张幻灯片中只使用了 7 个词。

苹果的产品简单易用，主要原因就在于他们删除了烦琐内容，乔布斯的演说使用了同样的设计理念。他的演说中更多的是幻灯片。因为乔布斯认为，简洁就是终极复杂，越复杂的内容，越要保持简洁。

如果你是一位大学生，考试答辩时要用到幻灯片；

如果你是一位白领，汇报工作时要用到幻灯片；

如果你准备发布一款新产品，召开发布会时也要用到幻灯片；

……

总之，对于演说来说，幻灯片确实是一个重要的辅助工具。那么，如何利用幻灯片辅助演说呢？

1. 了解基本信息

（1）演说屏幕的尺寸。一般来说，国内主流的投影屏幕是 4：3 和 16：9，在特制的屏幕上进行演说，尺寸可能是 10：1，也可能是任意比例，演讲前，要了解这个信息；否则，按照 16：9 做完幻灯片，还要再做一次。

（2）演说场地大小。场地的大小，要考虑视线和远近的问题。在演说场地中，如果投影屏幕距离最后一排非常远，做幻灯片时，就应该把文字大小、细节信息等处理得大一点，方便后排的人看清楚。如果有可能，最好提前进入会场测试一下。

（3）听众属性。听众的属性，关系到所要准备的内容。例如，有人邀请你去做一场关于"如何做好幻灯片"的演说，就要了解听众到底是小白还是高手？是教师还是一群学生？听众的属性不同，需要准备的内容就不同：如果听众是教师，就要准备一些跟课件制作相关的内容；如果听众是学生，就要准备毕业答辩的幻灯片。

（4）演说时长。演说，需要控制好时间。如果主办方没告诉你具体的演说时长，一定要问清楚，尤其是做创业演说的时候。主办方让演说者在 5 分钟内讲完，可 4 分钟过去了，创业者还没讲到投资人真正关心的话题，就太失败了。

2. 把内容写出来

之所以使用幻灯片，主要是为了传递信息，因此要掌握一定的信息表述技巧，比如，可以使用金字塔原理进行内容的构思和写作。具体做法是：要表述某一事情时，先把最终的观点写出来。然后寻找一级论据，完成第一次拆分。如果一级论据可以用二级论据来支撑，就继续拆分。如此往复，直到最终不能拆分。这样，就会形成一个金字塔型结构。

3. 多用图片，少用文字

一张使用合理的图片带给听众的视觉表现力，远超于文字。为了说明一个妹妹长相甜美，与其用数千文字来说明，不如直接将她的一张照片放到幻灯片上。同样，与其绘声绘色地描述农民工的辛苦，不如直接放一张工作照。效果之所以会如此大，就在于大脑更容易接受视觉化的东西。将图片直接展示出来，就会在听众脑海中构建一个场景，使用合理的文案，就能产生更好的效果。

4. 了解演讲主题和内容

制作演说型幻灯片时，不要做成信息说明书，不能直接将大量的文字和图片放在上面，自己按部就班地在台上照本念经。正确的做法是，提供必要的信息提示，只要能够配合演说即可。因为，从功能来讲，演说型幻灯片和说明书型幻灯片不可能做成同样的内容。

5. 合理搭配音乐

恰如其分的音效可以激发听众心中的情感，让他们如同置身于某个特定的场景下，可以更好地烘托感情。但是，一定要选择与演说者的基调相匹配的音效；若选择不当，可能会起到相反的作用。

6. 少用文字，多用图表

图表是一种表格信息的可视化表达方式，幻灯片演说的目的就是传递信息，我们的大脑更容易接受视觉化信息，所以，展示数据时，要多使用图表。

7. 使用动画来吸引听众的注意力

当然，这里的动画是必要的，而不是大量的。制作演说幻灯片时，使用大量的动画效果，听众会觉得你很浮夸、不踏实。

8. 幻灯片风格统一

这里的风格统一主要包括以下几个方面：

（1）语言风格统一。通俗点说，幻灯片上的内容，要让听众感觉像是一个人写的，即语气要保持不变。

（2）设计风格统一。这种统一主要体现在母版设计方面，由字体、背景、配色和效果等来体现。

（3）素材风格统一。这里的素材主要指图片，使用了扁平化图标，就不要再使用拟物化图标；否则，会让整个 PPT 显得很乱。

9. 注重封面和尾页设计

封面决定了听众对幻灯片甚至演说的第一印象。封面可以传递出这样的信息，告诉听众你要做什么。在这里，可以提出一个问题或展现一种态度，甚至直接引入话题……这些都是设计封面时要考虑的，千万不能忽视。

此外，尾页设计还要注意功能性。正常情况下，可以用“谢谢”等来表示一种礼仪，比如，“Thank you”；也可以传递一种信息或得出一种结论，比如“所以，我认为即使是有问题的孩子，未来依然充满了希望”。

总之，设计封面和尾页时，不要简单地从美观性角度来思考，要注重功能性的使用。

正确使用话筒，将观点传达出去

现在的演说比赛，比较普遍的是站立式演说，多数演说者都会使用立麦，遗憾的是，很多演说者最后都栽在了话筒上。常见的栽倒方式有：话筒距离演说者太远，声音发不出来，听众听不清或听不见，等于在讲废话；话筒距离演说者太近，回音太响，听众听着刺耳，感到不舒服；话筒太高，挡住了演说者的半张脸甚至大半张脸，看不见面部表情，拍照录像也很难看；话筒太低，需要演说者弓着腰去迎话筒，显得很不精神。那么，究竟该如何使用话筒呢？

话筒类型的选用以及使用，对演说者声音的呈现异常重要，如同笔记本电脑、幻灯片设计和演说材料一样，都是做演说的重要工具。在正式演说前，演说者大多不知道将使用哪种话筒，因此下面对各种话筒类型进行简单介绍。

1. 配在讲台上的话筒

有些会议室或大厅，会配备一部安装在讲坛或讲台上的灵活鹅颈话筒。面对这种话筒，演说者发言时可以先做两件事：

首先，调整话筒的高度和角度，使其正对自己的头部，而不是胸部或肩膀。如果与前一个发言人有明显的身高差，话筒位置不合适，音量就会变得较低，甚至可能会被遮蔽。

其次，演说者要直接站在话筒前，不要站在讲台旁边或屏幕、白板旁的位置，以免听众听不到。

2. 可以夹在领夹处的话筒

对于演说者来说，最常见且方便的就是无线领夹式话筒。使用这种话筒，不仅手臂可以自由活动，还可以在不影响音质的情况下四处走动。演讲时可以将微型话筒夹在衣服上，然后将无线发射器夹在皮带上或放入口袋。为了获得清晰的声音，话筒的理想位置大约处于胸前口袋处。这里，要注意几个细节：确保位置高低合适，位置太高，下巴的阴影效果会使声音听起来发闷；位置太低，则会压低音量，导致听众失去注意力。同时，不要绑缚长挂饰，如佩戴长项链，否则会产生噪音或撞击话筒。

此外，在演说前，要养成关闭话筒的习惯，以免发生将私下讨论广播出去的情况。即使可以像知名大佬一样泰然处理，也要牢记这点。

3. 能够戴在头上的话筒

如果演讲大厅听众太多，领夹式话筒无法在不产生反馈的情况下将音量调至足够大，这时就要选用一部能够直接戴在头上的话筒。该话筒配有一根细细的吊杆，可以将话筒元件放置在嘴边一侧。话筒更靠近声源，产生反馈的风险较小，但不要将话筒放在嘴的正前方或鼻子的正下方，否则会拾取到令人分心的呼吸噪音。为了保证演说的正常进行，可以提前进行试音检查。

4. 直接拿在手里的话筒

手持式无线话筒可以让演说者更好地控制声音，也方便演说者随意走动。如果演说者活力充沛，可以将话筒移到更靠近嘴的位置，并降低音量，让声音听起来更亲切；如果演说者需要大声强调，可以将话筒移开几厘米，以免“炸”到第一排的听众。

这种话筒具有许多演说者钟爱的强劲“摇滚”效果。为了获得一致的声音，可以将话筒头部保持在胸前口袋水平的中心位置，并对着话筒讲话；既不要在演说时摇晃话筒，也不要在使用时向下滑落。

了解了话筒的特性之后，还要知道话筒的具体使用方法。

演说中，演说者最好将话筒放置在话筒架上。话筒可以上下移动、前后挪动，不仅使用起来方便，还能将双手空出来做动作，使演说者保持完美的整体形象。

演说中，话筒与嘴保持一拳左右的距离，太近了，气粗声大，容易产生喷话筒的情况，送气音节(如怕、他、可、去等)可能更明显；话筒也不能太远，否则声音传不出去，尤其是敏感度不高的话筒，距离太远了，根本就没用。

演说中，不要将话筒放在嘴与地面平行的直线上，要放在嘴唇下面，且与嘴成 45° 角，才能灵活运用，否则抬头时会被话筒挡住脸部。

调好话筒的位置后，不要用手去敲，试试有没有声音；也不要用嘴吹，否则很不雅观。可以检查话筒的开关是否打开。

如果没有话筒架，就将话筒拿在手里。握话筒时不要太紧，否则容易产生波动，听众会以为你很紧张；既可以握成拳状，也可以握成抓状，但一般采用前者；不要随意换手，即使确实要替换，也要配合动作进行。

根据场地的大小、话筒的性能以及听众情绪的静躁情况，可以灵活调整嘴与话筒之间的距离。场地大，尤其是在室外，如果话筒性能差、听众浮躁不安、人群中有声音，可以距离话筒近一点；否则，就要远一点。

视频虽短，却有超强冲击力

为了节省时间，便于听众理解演说主题，演说者要选取日常生活中比较常见的道具。选取特别复杂的道具，不仅听众不容易理解，演说者还要花大量时间去解释，最后听众就可能被没见过的道具所吸引，失去对演说的兴趣。因此，选择大家熟悉的道具尤为重要，比如，一段视频，选取越简单越好。

2013 年 12 月，演员刘劲在中央电视台《开讲啦》做了一场演说。

为了阐述“用一辈子做好一件事”这个主题，他开头就放了一段动画片。他说：“大家好，我是演员刘劲，今天来到《开讲啦》这个舞台，先请大家看一个动画片。”

动画片里，一只小熊排在队伍的后面，看到另一边熊少，它就跑到另外一边。结果，刚换队伍，又发现原来那个队伍熊少……来回奔波，最终其他熊都排队轮到了，它还是没轮到。

他这样对听众说：“我想，生活中很多人都遇到过这种情景，有些人甚至还扮演过小熊的角色。站在路的这一头，看见一个路口，就想路的尽头肯定有美丽的风景，于是就走下去。结果，这边又出现了一个岔路口。于是，我们又往那儿走……反反复复，犹豫不决。很多人问我，刘劲，你作为一名职业演员，在自己的大好年华，始终如一地做一件事，只演一个人物，你是如何做到的？我告诉他，我会用一辈子做好一件事。”

像《开讲啦》这样的电视节目，演说嘉宾通常要讲 20 分钟左右，往往一讲开头就容易忘记收尾，或 20 分钟的时间里能讲几个主题，导致主题分散，听众听了半天也找不到中心。

在本场演说中，为了更好地烘托自己的主题“用一辈子做好一件事”，演说者使用了小动画片。借助这部动画片，听众立刻厘清了思绪，即一个人做事要专心。在整个演说过程中，刘劲也做到了这点。他从自己成名前的坚持努力引入，讲到自己当演员的奋斗史，再到一辈子演 40 多次……所有的这些都围绕这个中心展开，让听众听得舒适畅快。

当然，如果没有视频，也可以使用照片，但要确保所用照片足够大且清晰，使听众能够不费力地观看，否则就无法有效地发挥作用。普通尺寸的照片太小，只会分散听众对演说者的注意力。

研究表明，使用得当，短视频确实能增强演说效果。使用短视频等辅助工具，要比不使用短视频工具的演说者更可信、更专业。短视频的运用，不仅可以使演说的说服力提高 40% 以上，还能提高听众的兴趣，转移其注意力，使演说者对整个演说更有信心。中国有一句古话：“百闻不如一见。”在演说中，演说者想要获得成功，应生动地描述演说的重点，并将其具体化。不过，时间不宜太长，最好控制在 30 秒左右。

实物模型，更能让听众了解演说内容

如果演说中涉及的实物太大、太小或不可用，就可以使用模型来代替。比如，为了展示法医科学家是如何利用骨头碎片重建犯罪造成的创伤的，一名学生使用了人类头骨模型；为了说明悬挂式滑翔机的设备和技术等，有的演说者使用了缩小的模型。无论使用什么模型，都要确保听众能清晰地看到。

李敖说：“做演说，开头很重要。无法在开头的一两分钟内吸引听众，演说就是失败的。”事实确实如此。比如，李敖去清华做演说时，一开场，就将布什总统曾经在清华的演说稿撕碎了，说：“小布什骗了所有清华人。”

这一幕赚足了眼球，瞬间引爆了全场。

李敖当时用的，就是道具吸睛开场法。

著名神经学家吉尔博士有一次做演说，为了给大家说明人脑的结构，他准备了一个人脑，上面还拖着一条17英寸长的脑髓。助手利用一个托盘将人脑端到演说现场，吉尔戴上手套，拿起人脑，开始给众人介绍人体的脑部结构，说明大脑各部分的作用。结果，学生“呕”得不行。可是，就是这样一场“令人作呕”的演说，效果却非常不错。听众虽然恐惧，但都听得非常认真，在往后的日子里回想起来，如同身临其境般。

使用实物模型，演说者只要引导听众去发现、思考和观察，然后补充和讲解关于实物模型的信息即可。如果表达的内容很抽象，无法用语言在短时间内描述清楚一个东西，就可以直接用道具来演示，让听众明白你想表达的意思。

为了更好地说明，一位演说者在演说中直接展示了两部苹果手机，他这样说：

大家好，在演说的一开始我要先向大家“炫富”一下。

这是我们家在同年同月同日一起购买的两部同款苹果手机，应该算当下最好的，我们现在打开看看（打开手机）。

嗯，不错，画面清晰、质量上乘。如此好的一部手机，如果卸去电池（边说边拔电池），也就无法工作了。这就好比我们，各项活动都需要能量来维持。电池每天都在释放能量，需要不断充电。

电池电量不够，人们就会失去联络，无法打进电话；如果不及时为自己充电，就会在能量释放之后，失去与外界联系的能力，与社会脱节……

这个演说的主题很好讲，讲述的方式也很多，但要想出奇制胜，还需要想些办法。案例中，演说者形象地借用两部手机，将其中一部卸去电池，告诉我们电池的重要性，也就是说能量的重要性，以此揭示主题。

用贴近生活的道具展示来比喻演说的喻意，听众就会觉得很奇特，使演说达到出奇制胜的目的。

还有一个例子：

某省电视台的一位记者，报道游轮侧翻事件，发现该游轮已经翻了个底朝天，多数信息都被隐藏在水中，听众无法从电视画面中看到真实的信息。为了让听众看得更加一目了然，他随手拿了一个矿泉水瓶，让听众将手上的矿泉水瓶想象成游轮，然后变换矿泉水瓶的角度，讲解游轮目前的姿态。

实物模型，虽然多为一个物体，看似没有生命，却是演说者表达的一个延伸。因为，实物模型本身就承载着大量的与演说有关的信息，而这也是演说的核心。

第五章　演说稿：写好演说稿，演说就成功了一半

了解听众，演说才能发挥最大的作用

演说是演说者与听众的一种双向交流活动。在演说过程中，演说者是信息的传播者，听众则是信息的接受者。一旦演说者离开了听众，就失去了对象，演说活动就无法进行。

面对不同年龄、不同性格、不同职业的听众，千篇一律地采取同样的演说内容，不仅会跟听众产生分歧，还无法充分表达主题，甚至偏离主题。因此，撰写演说稿前，要事先了解听众，然后拟定相应的演说内容、规划提纲，才能有的放矢。

案例一：

一位亲子专家应某社区的邀请，给社区居民做家教报告，为了做好报告，她提前三天就开始起草演说稿。考虑到多数家长会带着孩子同堂听讲，她不仅介绍了家长如何做，还突出了“亲子如何沟通”的互动内容，帮助家长和孩子有效解决沟通难题。之后，经过修改，熟读成诵，报告果然取得了圆满成功，家长和孩子都从中受益匪浅。

案例二：

两性专家李某应邀给某企业女员工讲爱情与婚姻，为了让演说更高效，她提前草拟了一份演说稿。她以“女性与婚姻”为主题，不仅讲述了女性对婚姻家庭的贡献、离婚对女性和孩子的负面影响，还重点介绍了善待婚姻、构建和谐家庭、提高婚姻和教育质量的方法。她相信，只要听了这次演说，女员工定会对婚姻和家庭有全新的认识，意识到女性对于家庭和孩子的重要意义，重新燃起对家庭生活的渴望和信心。

以上两个案例都告诉我们，只有了解听众，为听众着想，才能拟出真正打动听众内心的演说稿，才能取得良好的演说效果。凌驾于听众之上，脱离听众的实际需求，这样的演说稿最终只会适得其反。

中医讲究“望闻问切”，为了对症下药，就要提前了解病人的特征，演说也不例外，需要了解听众在社会中扮演的角色、工作性质，以及与演说者自身的关联性，然后以此为依据调整演说稿的内容。比如，对于听众熟知的内容，可以作简略阐述或直接删除；可以事先评估：在自己的演说稿中有多少内容是听众没有听过的，然后寻找一些新的背景材料补充进来，带给听众新的、精确的信息。如果演说者的某个观点与听众的喜好相悖，也可以多花时间和心思进行解说。

演说是一种社会性活动，无论是公众演说，还是私人演说，都被广泛运用到日常生活和工作中。因此，要想打动听众，就要抓住听众的思想、情感和案例，具备极强的针对性，了解听众的心理、要求和希望及对你所讲观点的态度。

通常来说，演说者对听众的了解越深刻，越有利于演说稿质量的提高，那么，演说者需要了解听众的哪些内容呢？

1. 年龄

听众的年龄在一定程度上决定了他的阅历、对事物的理解程度和词汇量。例如，如果听众多数是 20 多岁的年轻人，就不要引用“柏林墙”倒塌历史，因为他们不曾经历这段历史。如果听众都年过半百，这样的演说内容是很容易理解的。

2. 性别特征

不同性别的听众对演说内容的关注也不尽相同。比如，男性一般都对军事、政治、房产、汽车等领域感兴趣；女士则对时尚、情感、化妆、购物等方面感兴趣。面对不同性别的听众，就要选用不同的内容或案例。

3. 个人信仰

信仰与个人的内心境界有重要关联，性格开放或保守，对某些问题的敏感或迟钝，都与个人信仰有关。所以，演说者如果想讲一些有感情色彩评判的内容，最好先对听众做一下信仰方面的调查，以免陷入尴尬局面。

4. 受教育程度

了解了听众的受教育程度，就能对自己的演说内容进行知识深度和宽度的丈量，被听众接受，互动起来会更自然。

事实证明，演说者对听众了解得越详细，越能参透他们的内心；如果对听众一无所知，这样的演说就会变成演说者的孤军奋战，多半会徒劳无功。

观点鲜明，才能提高说服力

听多了演说，读遍了名作，很多人有一个奇异的发现：在优秀的作品中，总有一句话能击中听众或读者的心灵。比如，列夫·托尔斯泰的代表作《安娜·卡列尼娜》，开篇第一句话是："幸福的家庭都是相似的，不幸的家庭各有各的不幸。"这是全文的魂。

狄更斯的名作《双城记》，第一段第一句是："这是最好的时代，这是最坏的时代……"

1963年，美国黑人民权运动领袖马丁·路德·金在林肯纪念堂发表了《我有一个梦想》的演说，用6个"我梦想有一天"表达了一个黑人内心最强烈的梦想：对自由平等的渴望。

演说观点，相当于演说内容的灵魂；演说观点的表述，是演说者语惊四座的关键。一个优秀的演说者，最出色的技能就是在平常的演说训练中，寻找并提炼这种灵魂。

要想演说成功，首先要明确目的，说到点子上。因为，只有中心明确，主题集中，观点鲜明，才能给听众留下清晰深刻的印象。因此，必须从思考过的众多观点中选出最能体现演说主题的观点作为中心，并围绕该中心展开，避免听众产生不清晰的认识。

实践证明，观点或主题思想是演说的灵魂，表述的创新则是演说生命力的源泉，追求观点表述的创新自然也就成了演说者的重要任务。

这里给大家介绍几种表达观点的技巧：

1. 对老观点进行重新包装

在演说中，把老观点巧妙地包装一下，就能让观点出新。同一个正确的观点，可以有不同的表述方法，有些说法是听众非常熟悉的，演说者一味照旧，会使听众觉得毫无趣味。比如，"培养孩子不能揠苗助长，不能操之过急”是一个老生常谈的话题。而联想集团总裁柳传志却在演说中将联想集团培养人的第一个方法叫作“缝鞋垫”与“做西服”。也就是说，培养战略型人才和培养优秀的裁缝道理相同，不能一开始就用上等毛料做西服，应该让他从缝鞋垫做起，鞋垫做好了再做短裤，然后再做裤子和衬衣，最后才是西服。

2. 否定旧观点，提出新观点

在否定、破除旧观点之后，提出与旧观点相反或相对的新观点，就是破旧立新。这种方法难度和风险都很大，但只要演说者有言人所未言的勇气，有实事求是的科学态度，就能收到震撼人心的效果。这里有个演说片段：

有人曾预言，中国是一头睡狮。我们被人家当了一百年睡狮，我们也把自己当睡狮自我陶醉了百年。狮子是百兽之王，但一头酣睡的狮子能称得上百兽之王吗？一只睡而不醒的狮子，一个名义上的百兽之王，并不值得我们为之骄傲。为这样一个预言而陶醉，就好比陶醉于“人家说我们祖上也曾阔过”一样，真是脆弱又可怜。我们不需要伟大的预言，只需要强大的实力；我们不要做睡狮，只要醒着、前进着，就比做睡着的什么都强。

他人的预言曾是我们骄傲的资本，但仔细分析，为一个过去的预言而陶醉或昏睡，一点实际意义都没有。演说者鲜明地提出“我们不愿做睡狮”的观点，犹如当头棒喝，既让人清醒，又激人奋发。

3. 由此及彼，由浅入深

如果演说者能由此及彼，即在不否认现有观点的前提下，敏锐地发现问题的“另一方面”并适当加以强调，就能达到演说观点深、新并举的目的。所谓由浅入深，就是敢于对已形成结论并被人们当作“定论”广为接受的问题，进行进一步的思考和探究。

恰当选材，让演说稿“活”起来

一篇演说稿，在确定主题、搭建框架后，就要选择材料了。

主题是演说的灵魂，架构是演说的骨架，材料是演说的血肉。从旧材料中挖掘新意，是每个演说者必备的专业技能。在一次演说中，马云恰当地讲述了一个三文鱼的故事，用一个自然界生物的生理习性阐述了人生使命的神圣道理：

每隔四年，十月份，在加拿大佛雷瑟河上游的亚当斯河段，平静的水面就会变得沸腾起来。成千上万条三文鱼从太平洋逆流而上，来这里繁殖后代。在逆流而上的过程中，三文鱼银白色的鱼身会变成猩红，整个水面也会因为有太多的鱼而变成一片红色……

在我们的生命过程中，人类也应该明确自己的生命主线。今天我们站在这里，并不是为了单纯地活着，生命的背后是使命，只不过这一使命各不相同。

在现实生活中，很多人都忘记了自己的使命，变得苍白、迷茫和失落。看到三文鱼生死搏击的同时，我们能否从它们身上得到一点点感悟，并重新开始思考自己的生命历程呢？

生活千丝万缕，书报浩如烟海，时间和精力不容我们有见必记、有闻必录，这不仅没有必要，也不可能，必须确定好方向，有计划、有针对性地收集资料。因为只有选择合适的材料，才能让演说稿“活”起来。

有一次，新东方创始人俞敏洪在给大学生做演说时说，大学毕业进入社会后，一定要锻炼自己的心理承受能力，比如，将一堆面粉放在案板上，用手一拍这堆面粉就会散，就是我们现在的心理承受能力；加点水揉一下，你再拍就不会散了，但还是很松软；不断地加水，不断地揉，它就会变成一个面团，无论怎么拍，都不会散；继续揉，它就不仅仅是一个面团了，即使用手拉也不会断，这时候已经变成拉面了。

只有自己的神经承受能力达到这种状态，才能参加社会活动，才能在社会中奋斗。遇到一点小事就大发雷霆，多半都少了度量和心胸；找工作被拒绝一次就灰心失望，哪家公司敢录用你？

在这段演说中，俞敏洪从众多材料中筛选出最典型、最有代表性的材料，而非一般的材料，准确地反映出自己的演说主题、思想和观点，提高了演说的说服力。

著名演说家艾德姆斯曾说：“演说本来是一门艺术，但这种艺术的作用是满意地发表使命。只重艺术而忽略使命，艺术就会失去作用。”一篇演说稿的成功与否、价值大小，关键在于材料的选择。

材料的选择、分析、概括和排列，可以有效增强演说的说服力和吸引力。那么，如何选择演说材料呢？

1. 选材要严格

首先，选材必须切合主题的需要。演说中之所以要引用材料，主要是为了说明观点、阐述道理和深化主题，所以，材料要紧紧围绕演说主题来选择，将道理自然地融入事例中，让人听起来觉得合乎情理，不能勉强比附，更不能离题万里。

其次，选材要针对听众的需要。一是要对不同听众选择不同的材料，选择易使听众理解的材料，以便听众接受；为了引起听众的兴趣，要选择与听众联系密切的材料；要想吸引听众，就要选择听众迫切希望知道的材料。二是针对不同场合选择不同的材料，演说内容才是正确的，才能讲得得体，不分场合地选材，只能事与愿违。

2. 选材要真实

所谓选材真实，就是材料既要符合客观实际情况，又要反映客观事物的本质和主流。演说中使用的材料必须源于生活，不能捕风捉影，不能人云亦云，更不能无中生有或信口开河。在现实生活中，有些材料只是一种表面现象或片面现象，有时甚至是偶然现象，并不能正确地反映生活，更无法深刻地表现事物，只有反映生活本质和主流的事实材料，才是真实可信的，才能为演说主题搭建事实确凿的基础。以假代真，以偏概全，混淆视听，不仅无法说服听众，甚至经不起推敲。

3. 选材要典型

所谓典型材料，就是最能反映事物特征，最有代表性，能有力地揭示事物本质，能够更好地表现演说主题的材料。演说材料的选择要“精”，不能贪多，虽然事物的本质和规律都是通过个别的事实表现出来的，但并不是任何事实都能反映事物的本质，只有典型材料才能更好地论证演说主题，增强演说的思想性和表现力。所以，演说者写演说稿时，要从众多材料中选择最有表现力和感染力的典型材料。

4. 选材要新颖

演说所选材料的新颖与否，对主题的表达起重要作用。主题深刻，选材却陈旧，使人听来枯燥乏味，更不利于主题的表达。只有新颖的材料，才能将最鲜活的思想表现出来，才能吸引听众。演说者不仅要认真收集生活中陆续出现的新事实、新经验和新问题，还要不断总结，进行理论概括，并以此为材料。另外，为了给听众以新鲜感，也可以选择一些他们没有听说过的旧事实或陈旧事物，让他们换个角度来认识。

选好动情点，演说稿更丰满

人们在社会实践中形成的情感体验和心理体验，一旦受到客观事物的触发，就会产生某种情感活动，这种刺激点就是“动情点”。

演说离不开人物事迹的表达，必须找到听众对故事的听取视角，而讲故事，就能更好地感动人。从演说实践活动看，演说者只有针对听众的情感倾向，选好动情点，并运用有效的言语进行真挚的情感表达，才能让听众产生情感共鸣。

看看下面这段话；

将来，大家如果有机会到前线，请去看看那些已经牺牲的战友。××烈士陵园里，躺着一排排倒下的战士，有人1966年出生，有人1967年出生……他们早在几年前就已经为国捐躯了，生活在和平环境里的人们能理解他们吗？我们该如何看待他们的价值呢？

在这段话中，演说者直接打开了听众情感大门的钥匙——动情点，不仅让听众得到了思想启示，心灵也受到了感动，使人们产生强烈的情感共鸣，更加有所感悟。

众多演说经验告诉我们，用好“动情点”，确实能使听众产生情感共鸣。那么，如何准确选择“动情点”呢？具体来说，有以下几种方法：

1. 谈谈人生观和价值观

在演说稿的写作中，很多人都会谈到人生观和价值观，找准一个切入点、以事感人之后，虽然听众能会意到故事的含义，但如果演说者能直接说出来，更会激起强烈的共鸣。

在一次演说比赛中，一位演说者讲到自己的学长牺牲时，说：

亲爱的朋友们，你可曾知道，在××哨所，像我的学长一样，为了去小河背水而长眠于雪山上的中国军人就有27名。如果不参加中国人民解放军，他们完全可以成为勤劳致富的开拓者，可以在商海中搏击，可以跟爱人花前月下享受生活的芬芳。可是，他们却因为一桶水默默地离开了人世，难道他们只值一桶水吗？

这个案例，虽然最终没有给出答案，但从强烈的情感共鸣和心灵震撼中，听众自然能了解军人的伟大和无私。

2. 引发情感碰撞

现实生活中，爱与恨、荣与辱、情与仇等都是互相对立的情感，都会让人们的心理产生巨大刺激，在演说中把它们作为动情点，就会使听众产生强烈的精神力量，促使他们继续努力。

为了庆祝澳门回归，一位演说者在演说中说了这样一段话：

在这个普天同庆的日子里，你一定不会忘记，是谁，用拳拳母爱，擦去了四百多年前的那滴浊泪？是谁，描绘了“一国两制”的蓝图，让我们今朝相聚？……这绝不是苍天的恩赐，更不是殖民者的施舍。在这漫漫归途上，遍布着一个古老民族的血性和顽强。

四百多年的屈辱辛酸，四百多年的渴望追求，四百多年的坎坷曲折，四百多年的奋斗牺牲。中国，不再是脆弱不堪的瓷器；中国，已高高屹立于世界的东方。如果不是这样，澳门啊，你回家的路还有几多远、几多长？

这段话饱含深沉的民族情感，以荣与辱为“动情点”，激发了听众的情绪，让听众树立起民族自尊心和自豪感。

3. 讲述利害关系

在社会发展过程中，许多事物不仅给人类带来了利益，也造成了危害。在生活实践中，人们都有趋利避害的情感意向，抓住这一心理特点，有针对性地陈述利害关系，就能引起听众的情感震动。如这样一段话：

我们对地球能源进行了开发，建立了工厂，但扩散在空气中的各种气体却对大自然的安宁造成了干扰：残渣废水排泄而出，污染了水体、毒害了生灵，种种令人惊悸的疾病紧随而至……我们恶化了环境，环境也开始做出反击。大自然的一连串报复似乎在警告我们：盲目地吮吸地球乳汁，不立刻行动起来保护环境，不拯救家园，最终毁灭的将是我们人类自己。

这段演说词，描绘了人类“创造繁荣与文明”的崭新图景，陈述了威胁人类生存和安全的潜在危害——环境恶化。在利害的强烈对比中，听众既受到了情感的震动，又获得了思想的启迪，从而自觉行动起来，为保护环境和家园做出应有的贡献。

第六章　勇气：自我鼓励，告别演说恐惧症

寻找胆怯的缘由，努力克服

演说时，很多人都会退缩，一大原因就是他们胆小怯懦而不自知。如果自己不敢上台演讲，该如何应对？这时候，首先就要找到自己胆怯的原因，然后想办法克服。

蔡特金是国际工人运动杰出的女活动家，第一次演说时，虽然提前认真做了准备，进行了多次演练，在她真正站到讲台上的那一刻，脑子里居然一片空白，将演说内容忘得一干二净。

谈起自己首次公开演说，美国著名作家马克·吐温也是心有余悸，说："我那时就像嘴里塞满了棉花，脉搏跳得非常快，就像在进行百米冲刺。"

英国政治家路易·乔治说第一次公开演说时，他的舌头抵在上颌，一个字也说不出来。

英国前首相狄斯瑞黎说他宁愿带领一队骑兵上战场，跟敌人厮杀，也不愿意在下议院做一次演说。

查普曼大学进行的一项研究也发现，25.3% 的人不喜欢在众人的注视下讲话。

可是，对演说的恐惧会限制你的职业发展。调查发现，招聘官最看重的

技能是，“口头沟通”位居第一，“演说技能”排名第四；“管理行政活动”等传统管理技能则排名垫底；可是即便如此，依然有 12% 的受访者愿意主动回避，让其他人演说。而在发表演说的人群中，约 70% 的人认为演说对他们的职业发展异常重要。

成为一名出色的演说者，不仅有助于事业和业务的发展，还能形成强大的合作关系；不仅可以帮助你推广想法，还能使人们对直接影响他们乃至整个社会的问题采取行动。要想将这些事情做好，就需要当着众人的面提出一个基调、想法或工作内容。但对于有些人来说，面对众人站立是一件让自己感到异常恐惧的事。

害怕演说，会阻止你冒着风险分享自己的想法、谈论自己的工作，以及提出影响许多人问题的解决方案。这些都会影响个人和职业的成长程度以及演说的效果。同时，负面的演说经验还会降低你日后演说的可能性，恐惧会教会你保护自己免受危险情况的影响。

那么，人们为何会害怕演说呢？对演说的恐惧与演说的质量并没有太大关系，与演说者在公开场合面对演说时的感觉、思想或行为无关，让演说者感到害怕的原因有很多，概括起来不外乎以下几个因素：

1. 生理原因导致的胆小

个人的恐惧和焦虑会涉及对潜在威胁刺激的自主神经系统的唤醒。面对威胁时，有些人的身体就会处于准备战斗状态。过分刺激，不仅会直接引发恐惧的情感体验，还会干扰他们在听众面前舒适表演的能力，最终阻止他们追求演说的机会。

胆子小的人，不仅担心自己的演说是否会实现目标，还担心自己在听众面前会表现出极大的焦虑，且以摇摇欲坠的演说方式出现。同时，这种焦虑还会影响他们在充满挑战的交流环境中的表现能力。

2. 个人信念导致的胆怯

演说者的信念，也会影响个人的胆量。一旦高估自己在他人面前交流思想的风险，将演说活动视为对其信誉、形象和接触听众机会的潜在威胁，就容易引起恐惧。此外，对演说者的负面看法，比如，我不擅长在人群面前讲话，我不是一个好的演说者，我很无聊等，也可能引起焦虑，并增加在公开场合演说的恐惧感。

3. 不同情况下导致的恐惧

虽然有些人天生容易焦虑，或者认为自己不擅长演说，但在某些情况下，可能会使多数人感到更加焦虑，举几个例子：

（1）缺少经验。与其他任何事情一样，经验也能让演说者对自己更有信心。如果演出时间不充分，更可能害怕演说。须知，演说需要孰能生巧。

（2）评价程度。一旦情况具有真实或想象的评估成分，恐惧会显得更强烈；在准备好要填写评估表的一群人面前讲话，可能会更加焦虑。

（3）状态差异。如果听众的社会地位较高，你会感到高强度的恐惧刺痛你的身体。

（4）新的想法。如果你想跟他人一起分享尚未公开的想法，就会担心人们如何接受它们。一旦你的公开露面涉及提出的一些新事物，就会感到更不舒服。

（5）新的听众。即使你已经具备在公共场合演说并向熟悉的听众展示的经验，一旦目标受众转移，也可能感到恐惧。如果新听众跟曾经的听众截然不同，你的信心就会动摇。

4. 技能不高

个人的专业技能也会影响演说者的胆量。虽然很多人认为自己天生是优秀的演说者，但总会有增长的空间，讲究技能而不依靠自然才能的人，才是最突出的演说者。要想消除对演说的恐惧，就要提高技能，让自己更自信。

基本训练，让演说有勇气

成功的演说者不仅要有勇气站上讲台，还要在讲台上站得住。这里，就包含了成功演说者必备的两个要素：一是有勇气，敢于突破自己；二是有能力，掌握演说的技巧。

很多演说者站在台上，要么紧张忘词、双手发抖、面红耳赤，要么讲得生硬、磕磕绊绊、语无伦次。这些尴尬的场景会阻碍很多人分享的渴望，抹杀众多热爱演说者的热情，甚至给初次演说者留下巨大阴影。

2014 年 11 月 21 日，雷军精神奕奕地登上了“一刻演说”的讲台，在演说中分享了自己在互联网大会上的一个插曲：

昨天我在乌镇参加了全球互联网峰会，与会的有马云，还有苹果公司的副总裁，主持人抛出了一个问题，说：“雷军，听说你有一个目标，打算花费 5~10 年的时间做到智能手机市场风格全球第一。”我立刻点头，因为我确实说过。然后，他又问我：“我去问苹果公司的高管，你猜他怎么看？”

苹果公司的这位高管也很厉害，他说：“Easy to say hard to do。”虽然我的英文很差，但这句话我正好听懂了。那一刻，我觉得很尴尬。主持人说：“雷军你怎么想？”

我冷静了一下，说：“马云在阿里巴巴上市的那一刻说过一句话，‘梦想还是要有的，万一实现了呢？’……我至少敢去想。”此番话引起了台下的一片笑声和掌声。

然后，我又提起了自己经常挂在嘴边的一句话："站在台风口，是猪都会飞。"我表示，要想成功，关键有三点：首先要有梦想，其次要脚踏实地，最后要重视机遇。

其实，学习演说也是如此。首先，要敢想，敢突破，因为只有这份"敢"，才有可能提高。

在这个世界上，没有哪个人是天生的演说家，我们最需要的往往是敢于让自己站起来说话的勇气，能够在公司会议、家庭聚会中清晰地发表意见、提出报告或推销自己的产品。

所以，面对演说，只需要比恐惧多一点勇气。

勇气是成功的第一秘诀。勇气对演说的成败会产生重要影响。有勇气的演说者，一般都能对自己的演说后果作出肯定性判断，热情果敢、镇定自若，使自己的演说水平得到正常发挥或超水平发挥。那么，如何训练和培养自己的演说勇气呢？

1. 辩证地看待演说中的有利和不利因素

自信心弱的演说者，总会看到演说中的不利因素，形成自卑和压抑心理，继而导致演说失败。其实，对演说中的有利和不利条件应该辩证地看待并作具体的分析。有的演说者常常为自己的容貌、服饰、年龄、性别是否适合听众口味和兴趣而惴惴不安；有的演说者以自己的职业"不高尚"而自惭形秽；有的演说者为自己演说的内容过于平淡而断定难以成功；有的演说者又以听众的文化教养、理论素质、欣赏水平不高或过高而感到忧虑、畏惧，等等。其实，对于这些不利因素，只要演说者能够正确对待，并且想办法加以改进，是可以变不利因素为有利因素的，大可不必把问题看得过于严重。尤其是一些因客观因素造成的不利条件，即使对演说造成了某些干扰，听众也会理解，演说者完全可以放下思想包袱，全身心地投入到实际演说中去，不必因为某些小事而影响了自己水平的发挥。

2. 建立科学的自信，克服盲目的自信

科学的自信，一般是建立在对自我清醒认识基础上的自信，比如，熟悉演说的基本规律、原则和方法，具有演说的实际体验和感受；对当代演说的实际状况、听众的水平等有基本了解；对演说的基本内容和所涉及的基本知识准确把握，确信能使听众受益。而盲目的自信是类似“阿 Q”式的自信，缺乏客观依据和现实基础，是非理性的预测和判断，经不起实践的检验，演说的成功率比较低。总之，从总体上说，演说者的自信心应当建立在掌握自己、掌握事实、掌握实际、掌握知识、了解听众的基础上。

3. 多看自己的长处和优点，并发挥自己的长处，巩固自己的优点

常言说得好：“尺有所短，寸有所长。”即使演说者的水平暂时比较低，也有些可取之处，有些不同于他人的个性。如果别人不重视你或者瞧不起你，首先你要瞧得起自己，给自己打气和鼓劲，坚信一定能够做好自己想做的事，一定能够做个强者，一定能够超越别人并不断地超越自己。时间长了，就能培养起较强的自信心。

4. 多给自己打气

除非一个人怀抱某种远大目标，并为此而奉献生命，否则任何一位演说者都会怀疑自己的题材，会问自己：题材是否适合？听众是否会感兴趣？……甚至还可能因一时冲动而修改题目。遇到这种情况，就要为自己做一番精神动员，用浅明、直白的言辞跟自己说：“你的演说很适合你。因为它来自你的经验，来自你对生命的感悟。”

5. 不要幻想失败

比如，某些语法错误或演说中途某处的停顿，都会导致演说的失败，继

而摧毁你的信心。此外，在开始演说之前，一定要把注意力从自己身上移开，集中注意力听听其他演说者说些什么，把全部注意力放在他们身上，这样就会避免过度的登台恐惧。

降低期望值，演说往往更从容

演说者在演说时的视觉呈现，会对听众造成多大的影响呢？

1971 年社会心理学家梅拉宾提出：

一个人对他人的印象，约有 7% 取决于谈话的内容和措辞；辅助表达的方法，如手势、语气、声音大小、语速等占了 38%，肢体动作、视线、表情等所占的比例则高达 55%。也就是说，在演说中给人留下深刻印象的主要是视觉部分，其次是声音，最少的是演说内容本身，即文字部分。

演说推崇的是“内容为王”，而很多人认为这里的内容就是文字和图片，认为声音和视觉都不重要。

演说的理想状态，确实应该从内容的规划开始，其次才是具体的表达方式。但是，一旦演说开始，你的表达方式要比表达内容更能给人留下深刻印象。

可以尝试一下，对你的同事或异性朋友用不同的方式表达一下“我喜欢你”，带着表情、温度或冷酷的语气，也许同样几个字，用不同的声音和表情来表达，对方就会获得完全不同的感受。

可见，演说的视觉呈现即台风并不是可有可无的，而是在根本上决定演说的成败。大气从容的台风能够让演说者轻松控场，因此演说时一定要表现出从容和大气。那么，如何才能让演说更加从容呢？方法之一就是降低期望值。

降低期望值，就是不要想着演说一定要成功，不要期盼得到台下雷鸣般的掌声，不要总想着让自己的演说刻在听众的脑海里，不要想着让别人对自己刮目相看。降低自己的期望值，心理压力就会减轻很多；只有减少思想压力，自己的发挥才能更精彩。

有一次，知名学者司马南应邀到云南大学做演说。在他出场之前，何祚庥、陆佑楣、方舟子、张博庭四位社会名流已经做了演说。司马南是这样开场的：

以上四位分别就有关怒江水坝的话题进行了演说，讲得都很精彩。何祚庥、陆佑楣两位分别是中国科学院院士、中国工程院院士，方舟子是生物学博士，张博庭据我了解是硕士。我是什么“士”？你们知道吗？——我，啥也不是。（笑声）可云南大学门口今天立了一块广告牌子，上面写着：“司马南，著名学者”。如果一定要把司马南说成是学者，当然不错，但我得附加声明：我这个学者，跟他们的那个学者是同一个“学”字，不是同一个意思。他们是“学有所成”的“学”、“学有专长”的“学”、“学贯中西”的“学”，我的“学”字，只表示司马南比较爱学习的意思……

何、陆、方、张四位都是响当当的人物，他们的演说很精彩，台下的大学生早已过足了瘾，如果司马南没什么“高论”，听众很可能就会感到疲惫，甚至躁动不安。令人耳目一新的是，司马南先生在演说的开头，就从容不迫地将自己与前面四位名流进行对比，从学历到称谓，故意自我“贬低”一番，引起了大家的兴趣，尤其是最后一句“我的‘学’字，只表示司马南比较爱学习的意思”，激起了满堂喝彩。

这段幽默中饱含智慧、自嘲里不乏调侃的开场白，既充满情趣，又引人深思。这再一次告诉我们，在演说开头恰到好处地示弱，不但可以使自己摆脱尴尬、脱离窘境，还能有效地促进演说者与听众之间的了解与沟通，实现超预期的效果。这是一种智慧。

降低听众的期望值，即使讲得没那么好，因为有之前的铺垫，听众也不会太严苛。

降低紧张感，主动示弱，坦诚地告诉听众自己没那么好，降低对自己要求过高带来的紧张感。

自我谦虚，听众一般都不喜欢自负夸大，只喜欢低调谦虚的演说者。

有时候满意度不在于讲得精彩与否，而在于是否超出听众的期望值，降低期望值就是一种不错的方式。

真正会演说的人，不会将自己吹得有多牛，而是善于示弱，降低期望值，然后在演说的过程中超出自己的预期。

优秀的演说者，往往都不太看中演说，也不会给自己设定一个不切合实际的期望。在他们看来，演说就像日常聊天一样寻常，因此总能在轻松的状态下完成。所以，一定要端正演说动机，认清演说目的，切勿将演说看得过于隆重，不给自己制造压力，要让自己轻装上阵。那么，如何降低期望值呢？

（1）讲点心里话。比如，自己对主题的理解、演说的理由等，不要说太多废话、大话和空话。演说一开始，就介绍一番自己的成就和成绩，只能让听众感到厌烦，因为真正有实力的人不会炫耀这些。

（2）真实表现。演说时，如果自己紧张，就直接坦诚地说出来；自己是什么状态，就表现什么状态。不要掩饰和隐藏，你越真实，听众越喜欢你，不会要求你太多。

（3）真诚的自我介绍。演说前一定要做个真实的自我介绍，讲讲自己的成长经历，当听众发现跟你有同样的经历时，自然就会站在你这边。

（4）单刀直入。直接切入主题，告诉听众：你是谁、要讲什么、要讲多久……不要吊听众的胃口，要直接送上干货。事实证明，听众一般都喜欢这类演说者。

（5）拿自己调侃。讲点自己丢人的事，听众会发现原来大家都一样，有利于增加亲近感，对演说者的要求自然就会降低。

（6）不要太看重自己。比如，俞敏洪在内部开会讲话的时候，会告诉员工们，自己是从村儿里来的。

如果想让演说成功增加听众的满意度，减轻自己的心理压力，就要在演说开始时降低听众过高的期望。

削弱紧张感，让自己镇定下来

要想演说顺利进行，就要努力消除紧张感，让自己镇定下来。

作家沈从文第一次走上讲台时，同样感到异常紧张，自己都不知道该说什么。

自己调整了很长时间，才平静下来。然后，他只用 10 分钟，就把事先设计好的内容讲完了。

这时候，距离下课还有一段时间，怎么度过剩下的时间呢？他灵机一动，在黑板上写了一句话：“今天是我第一次上课，人很多，我有些害怕。”

沈从文的坦白交代并没有引起学生的嘲笑，大家报以善意的微笑，他的心情平复了很多。

资料显示，紧张是人类应对危机时产生的一种本能反应。人的身体通常会对外在的刺激比较警觉，一旦觉察到不利于自己的情况发生，就会出现紧张反应，比如，肌肉绷紧、心跳加快、手心出汗等，这些反应都是人的本能。

演说时，台下无数双眼睛盯着自己，身体便会不由自主地启动防御系统，继而出现紧张的症状。可见，每个人都会存在演说紧张的问题，只不过演说频繁的人会逐渐对紧张产生免疫力。

站在演说台上演说的时候，多数人都会感到紧张。那么，究竟是什么原因造成的呢？

1. 准备不充分

中央电视台《开讲啦》，邀请各行各业的名人做嘉宾，如董明珠、王健林、刘德华、杨振宁等。有一次，邀请张嘉译来做主讲嘉宾。张嘉译开始时表现得异常紧张，按照常理，一位经验丰富的老演员不可能紧张，但他确实紧张了。看过此片的人可能都会明显感觉到。他之所以紧张，并不是因为他不会说话，也不是因为他没话说，而是因为他不知道自己该讲什么主题，更不知道该讲什么内容，所以感到紧张和尴尬。找到话题后，他的紧张感很快消失了，且顺利完成了演说。从这个案例可知，即使有经验的人，演说时，没有准备好主题和内容，也很难达到演说的目的。对于很少上讲台的普通人来说，压力会更大。因此，熟悉演说内容，是克服紧张的必要条件。

2. 对听众有“所求”

有些人说，我上台讲话前已经做了充分的准备，已经将要讲的内容反复试讲了很多遍，但中途依然会漏掉很多重要环节，甚至卡壳讲不下去。其实，之所以会出现这种情况，是因为人们将演说的意义看得太重，希望通过演说让听众觉得你很厉害、很专业，希望给他们留下完美印象。想到这些内容的时候，你就会顾及自己所讲的每一句话、每一个词，也会用全部力量让自己表现得完美。一旦发现听众给你的回馈与预期不一样，你就会感到紧张，会想："我是不是没讲好？糟了，我在听众心中的完美形象没了……"于是越想越紧张，越紧张越无法很好地完成演说。

这些就是演说紧张的原因，找到了原因，就要思考如何应对"紧张"的问题了。

第一，要坦然面对和接受自己的紧张。要告诉自己，演说时紧张是正常的，不要与这种不安的情绪对抗，要体验它和接受它。要让自己像局外人一样观察自己的恐惧心理，但不要陷入其中，不要让这种情绪将自己完全控制住："如果我感到紧张，那确实就是紧张，但我不能因为紧张而无所作为。"这时，你可以跟你的紧张心理对话，问问自己为什么会这样紧张？自己担心最坏的结果可能是什么？如此，才能正视并接受这种紧张情绪，坦然从容地应对，有条有理地做好自己该做的事情。

第二，要抓住机会多练习。演说时，生理上会自发地启动防御系统，导致紧张。可是，随着登台经验的积累，这种防御系统的触发点就会逐渐提高，甚至消失。因此，抓住机会多练习是一个非常有效的方法。

第三，增加对内容的熟悉度。对演说内容和主题越熟悉、理解得越深刻、越透彻、准备得越充分，演说时自信度就越高，越不会感到紧张。

第四，做一些活动，让自己放松身心。具体做法有：

（1）选择一个空气清新、四周安静、光线柔和、不受打扰、可活动自如的地方，取一个自己感觉比较舒适的姿势，或站，或坐，或躺。

（2）活动一下身体的大关节和肌肉，速度要均匀缓慢，动作不用中规中矩，只要感到关节放开、肌肉松弛就行。

（3）做深呼吸，慢慢吸气，然后呼出，呼出时在心中默念“放松”两个字。

（4）将注意力集中到日常物品上，比如一朵花、一点烛光或任何一件柔和美好的东西，仔细观察它的细微之处。也可以点燃一些香料，微微吸一下由它散发出来的芳香。

（5）将眼睛闭上，努力想象一些恬静美好的景物，比如，蓝色的大海、金黄的沙滩、像棉花糖一样的白云、雄伟的高山、潺潺的流水等。

（6）做一些与目前所做事情无关的、自己喜爱的活动，比如游泳、洗热水澡、逛街购物、听音乐、看电视等。

下篇
掌握演说方法，方能打动人心

第七章　开场白：好的开场白让人眼前一亮

出色的演说高手总是在开篇便一鸣惊人，他们会立即抓住听众的心。你必须在登上讲台的那一刻就吸引听众的注意力。否则，你将不能顺利传递你的信息，无法保持听众对你培训、演讲、作报告话题的兴趣，最终丧失在讲话中的主导地位——这一切都是阻碍讲话成功的障碍。

作为演讲者，不管你准备了多少演讲内容，最初的 30 秒都是最重要的。不要小看这短短的开场白，它将决定此后你所说的每一句话的命运。听众将根据你给他们留下的第一印象来决定是否耐心聆听你的演讲，因此你必须把握好自己的开篇，事先反复练习。作为你与听众的第一眼接触，你的双眼应该远离笔记，认真地注视台下的听众。因为此时你最需要拉近与听众的距离，建立自信。只有确信所有听众都在饶有兴致地聆听你的演讲，你才迈出了成功的第一步。

先入为主吊足胃口，讲话的开头是你吸引听众的最佳时机。经过你或中规中矩或激情洋溢的介绍，台下的一双双眼睛一定期望接下来的妙趣横生的演讲，或许他们更期待出人意料的结果，不管怎样，他们一定不希望你浪费他们的时间。此时听众正处于一种期待状态，你可以尽情施展你的才华、睿智、幽默和酝酿已久的开篇辞。总之，你要想方设法博得听众的好感。

开场是你给听众献上的开胃甜点，但并非要求你做到十全十美。这仅是试探、激发听众兴趣并向下一步骤推进的铺垫阶段。如果你一开始就没有抓住听众的兴趣，接下来的时间你将非常尴尬，即使再用 3 分钟时间也无法弥补听众对你的信心，因为听众的兴奋点不会持续很久。

请比较下面两个开场白：

“嗯……大家好，我是今天的演讲者李 ××，我今天要给大家讲的是，吃哪些食物可以减少疾病和缓解紧张。”

“女士们、先生们：首先请允许我问大家一个问题，您愿意再增加 20 年的寿命吗？如果愿意，那么请您在伸手去拿咸盐瓶之前三思。我是李 ××，今天我将与大家共同探讨 10 个非常简单而且已经被证明了的能够使您增加 20 年寿命的方法。”

多年以前，伟大的建筑学家弗朗克·赖特在匹兹堡曾做过一个演说。他的开场白非常奇特，“这是我所见过的最为丑陋的城市”。此言一出，登时令在场的每一位匹兹堡市民大吃一惊——他们从头到尾都认认真真地听赖特道出个中缘由。据说，当时所做的一项社会调查显示，匹兹堡市是全美最有吸引力的城市之一。赖特深知，如果循规蹈矩地像他人一样开场，“女士们、先生们，下午好，今天我很高兴站在这里”，或者仅仅为了幽默而以一个不相干的玩笑开场，都不会引起听众的注意。他这种不拘一格的开场，甚至一开始就将自己置于所有听众的对立面，的确收到了立竿见影的效果。

告诉听众：你的口才值得期待

跻身于众多的演说者当中，你可能不是第一个出场，因此通常在你上台以前，已经有人将你介绍给听众。如果碰巧那是位此道高手的话，你尚未登场就已经成功一半了。但不会总那么幸运，因此你必须做好推销自己的准备：

事先写好你的自我介绍。

你的自我介绍将成为听众了解你的第一个窗口，也是给他们留下良好印象的绝佳机会。有经验的演说者绝不会放过这个关键环节。通过自我介绍，你可以让听众了解你的概况，信赖你的权威，同时自然地将听众引入你的演讲。最好亲自写这份自我介绍，因为它需要非常准确翔实。许多演说者就遇到过非常尴尬的场面，在登场以后首先要向听众更正一些由别人代笔的不准确的个人信息。

当然，由别人代笔介绍也有一个好处——他们可以趁机插入一些幽默的成分，甚至错误的发音，从而将听众的情绪调动起来。自己亲自写，一方面做到了真实准确，另一方面则失去了活跃气氛的诱因。

你要提前将自我介绍写在一张卡片上，因为它很有可能是由别人来代读。卡片要留出一定的空白，因为代言者很有可能会要求你加入一些他希望了解的细节，那么将最佳位置留给他们吧。为了方便代言者诵读，最好将简介用大写、双倍行距打印出来，内容要简短、精练。标准的自我介绍应该包括四个方面：姓名和讲话题目、演讲者的身份、讲话的梗概与实用价值、受邀演讲原因。在列举你的身份、职位的时候，名称不宜超过三个，选取与听众有关的即可。

这里是一篇自我介绍的范文，作者为乔·威尔顿，著名演说家。演说的题目是《大象不咬人：慎防小事作乱》：

乔来自亚利桑那州的斯科茨代尔，目前经营自己的公司。在过去6年中，他已经参加过美国最权威机构组织的上千场研讨会。今天他来这里做这个演讲，是向我们传授成功口才的经验。他在这方面很有见地，相信各位听后一定受益匪浅。他的独特的商业信条这样写道："成功源自接受，而非拒绝。"下面我们有请乔·威尔顿先生上台为我们演讲。

这便是介绍的全部内容，简短、平实、言简意赅。在你听到“下面我们欢迎 ×× 先生上台为我们演讲”的时候，介绍者便会结束讲话，继而台下掌声响起，这时你便可以款款向讲台走去。

当然，意外情况也时有发生。当场内没有人介绍你的时候，你就需要自报家门了。这种情况下，大部分演说者会走上讲台说：“女士们、先生们，晚上好。我是张 ××，今天我来到这里跟大家探讨一下……”令人乏味的介绍！尽管这些都是听众应该知道的内容。如果你想吸引听众的注意，那么你应该让他们感觉到你不是一位俗套的演说者，尽量去吊他们的胃口。

这里我们还是以上文中提到的两个形成鲜明对比的开场白为例。后者开头只增加了短短的两句话，但足以将听众的胃口吊起。然后顺理成章地介绍自己的身份。通常只说出你的姓名就足够了，因为这不是你详细介绍简历的时间和场合。如果有个别相关的有趣的话题，不妨在这时说出来。比如，补充这样一句带有调侃色彩的言语：“我是张 ××，号称问题斗士。”在介绍自己的身份前，你可以设下种种悬念。

开场白之“十戒”

开场白在整个演说过程中具有极其重要的作用。尽管接下来的演说过程可能听起来更令人紧张，但毋庸置疑，“良好的开端是成功的一半”。一个用心准备的开场白完全可以起到统领全篇的作用，通过开篇介绍你已经将所有问题系统归类，然后逐一解决。集中注意力是开场白的关键任务，但它却不是开场白的唯一任务。下面是一个成功开场白应符合的几项标准：

（1）集中听众的注意力。至于使用什么样的方式由你自己决定。

（2）在演说前和演讲稿之间构筑起一道桥梁。所以演说者在登台之后首先要感谢介绍者。

（3）让听众了解你演讲的目的和内容。

（4）将听众引入你的话题，使演讲具有使命感。你需要他们的支持，让他们成为你观点的赞同者。

（5）让听众对下文产生期待。以一个轻松的玩笑开头，然后进入陈述事实和理论论证部分，你的听众将在这一过程中逐渐放松。

（6）与听众之间建立互动式联系。激起听众的兴趣，尽量使他们放松，完全沉浸在你的演讲中。但演讲不是催眠，你要主动与听众沟通。

（7）告诉听众你的演说与他们之间的关系，使他们坚信会从你的演说中受益。

（8）使听众意识到你是演说的操控者，给予他们必要的指导。例如，他们应该何时、怎样处理这些问题。对每个新问题进行必要的解释。

（9）与听众一道深入探讨可能存在的相关问题，赢得听众的支持。

（10）让听众感到你乐于与他们交流，通过你的表情和情绪告诉他们，也可以直接表扬你的听众，总之，要使他们感到轻松。

开场白的方式多种多样，演说者不应拘泥于某一种形式，而应充分利用自己的优势进行自我宣传。你还可以利用各种视觉和声觉辅助工具。你的话题不必受时间和空间的限制，你可以自由地在过去、现在和将来的时空中穿梭，当然这些应尽量控制在简短的篇幅中。你可以从任何相关的背景中提取资源。总之，针对不同的听众你可以相应调整自己的信息。

迅速而有效地引起听众的注意，不管何种形式的开场白，衡量优劣的标准只有一个：是否抓住了听众的注意力。就好像森林中的一片落叶，如果无人去听的话，叶子落地还有声音吗？如果你置身于讲台之上高谈阔论，而场下的听众全都心不在焉，那么你的演说将毫无意义。

成功开场的 17 条建议

尽管许多成功开场的关键在于你传递信息的方式，以及你倾入课题的激情，但下面 17 条建议还是会对达到最佳开场效果起到妙笔生花的作用：

（1）夸奖你的听众。演说中不要漫无目的地说一些不相关的谄媚之辞，应该对你面前的这些听众偶尔给予一些真诚的评价，对他们积极的态度表示感谢。为了让听众喜欢你，首先向他们表达你对他们的好感。

（2）关注听众的反应。同《聪明发问：成功经理人的经典战略》和《提问的 7 种力量》的作者一样，我也坚信疑问句式的独特魅力。直接疑问句可以将你的听众直接引入话题。善于营造气氛的演说者通常采用这种提问方式开场，因为他们清楚听众更喜欢这种参与式的讲话。提问也是一种技巧，好的问题不但可以吸引听众，还可以缓解自己的压力。但如果你的问题无人回答，则会让听众对你失去信任。你必须通过自己的语调让听众感觉到你在期待他们的回应——这时你可以适当地停顿一会儿。但你必须不断地随机应变，有时你需要自问自答，在听众失去耐心前迅速做出判断给自己圆场。你提出的问题既要有趣又不要太难。

（3）对听众进行问卷调查。这是另一种与听众沟通的有效方式。在演说前或演说后的午餐或者晚宴上，都是与听众交流的绝佳时机。比如，这时我常常会提出诸如此类的问题：“你们中有多少人要做正式的演说？”“有多少人会在会上发言？”“多少人留下录音邮件？”“有多少人无论我提出什么样的问题都不会开口回答？”这种调查是我在演说前最喜欢的活动，因为它会给我提供与我的演说相关的信息，并让我与听众在演说前就展开交流。只要你仔细考虑自己的问题，就会从中发现非常有价值的信息。比如，如果你面对的听众是医生，你可以这样问：“你们中有多少位治疗过糖尿病患者？”“有多少人认为你的大部分糖尿病患者的病情已经得到控制？”“有多少人相信我们今天在治疗糖尿病方面应该更加放开手脚？”你得到的回答可以帮助你集中话题，以满足听众的特殊需求。

（4）修辞性提问（不需要回答的提问）。通过修辞性提问，你可以以一种特殊的方式反复重申你的观点。修辞性问题会让听众去思考。在进行一个对提问的作用与效果的陈述后，我问听众，“既然问句这么有用，为什么我们不更多地使用它们呢”？这些问题将引导你的听众去思考，并在他们的大脑中回答你的问题。你以这种方式既集中了听众的注意力，又避免了采用一问一答的老套路，可谓一举两得。但你在组织好一个问题以前，要先分析一下它的修辞效果：它会不会给你的听众带来思索？会不会令你的听众全身心地投入进去？

（5）惊叹式陈述。“我妈妈是世界上最长寿的人。”在为老年人举办的一场关于健康话题的演说中，你以这样的方式开场一定会引起听众的注意。接下来你可以说，“至少她自己总是这样认为”。你要学会使用任何可能激发听众兴趣的方式，先吊起他们的胃口，然后再进一步解释。

（6）惊叹式数据。开场之初，演说者既力求简洁，又要让听众吃惊，要收到合二为一的效果，你可以考虑使用惊叹式数据。比如，如果你的话题是关于医疗的高消费问题，你可以这样开场，“你们知道仅仅是治疗后背疼痛的一项费用，全社会每年就要花费 200 亿美元吗”？但应注意，一次使用的数据不宜过多，因为听众每次只能记住一两个数字。

（7）妙用笑话。许多演说者热衷于以笑话开场，或许因为他们听说别的演说者也这样做。但是正如我在前文中所说，使用笑话时你必须慎重，因为你一旦选用这种方式，就会激发听众对更多笑话的期待。使用笑话要选择最佳时机，如果你讲得绘声绘色、惟妙惟肖，可以起到锦上添花的作用。当然，如果你有很强的驾驭能力，你也可以将笑话贯穿演说的始终。尽管如此，笑话也不失为一种非常不错的开场方式。我曾经听过一个关于“井蛙之见”的演说。演说者以一个鸵鸟的故事开场，她说：“有两只鸵鸟准备甩掉它们的同伴，可是它们跑不快，因此它俩决定藏起来。”然后她看了看台下的听众，问道：“你们知道鸵鸟是怎样藏的吗？”“你们知道如果你在那种情况下会有多么脆弱吗？”听众立即笑了，她已经成功地道出了关键所在——鸵鸟政策可能会非常危险。

（8）视觉教具。视觉教具可以迅速引起听众注意。它具有独特功效，演说者通过它可将主题一览无余地展示给听众。

（9）个人经历。以一个与自己相关的故事开场也不失为一个特点鲜明的选择。通过亲身经历可以迅速拉近你与听众的距离，博得听众的同情与好感，同时使你的主题得到认可。

（10）情景资料。如果你在某个组织的100周年纪念活动上演说，那么你的开场肯定与此相关。你的演说将立即被所有听众接受和认可，因为他们知道你的主题一定是他们自己。

（11）时事背景资料。大部分演说的内容都不会空洞无物，演说者的话题基本都与这个世界正在发生的事情相关。因此演说之前，你最好将讲话涉及的背景向听众交代清楚，这样讲话的内容更易被听众接受。尽量避免涉及有争议的话题，因为你并不清楚台下听众对该事件的看法。

（12）引经据典。演说中，经典案例会被频繁地引用。原因很简单：那些举世闻名的先哲已经被历史认可，他们的言论因此而变得精练、睿智、易于记忆。因此恰当的引用比刻板的讲解更易被听众接受。一则你祖母的名言“光说不练，不是好汉”会比世界上任何一位伟人的语录都有效，只要它与你的话题相关且具有高度概括性。

（13）权威言论。当你发表言论的时候，如果你发表一番更高级别的权威言论，肯定更容易引起听众关注。当然，这里所说的权威概念非常宽泛，上自举世公认的科学泰斗，下到你的部门主管。例如，一位教育工作者会时常引用具有传奇色彩的人类学家马格利特·米德的经典言论，“孩子们应该被教会怎样思考，而不是思考什么”。

（14）接受听众的挑战。不要担心因此而激怒听众。在任何一部成功的戏剧中矛盾都是中心，演说中亦如此。即使你的听众持不同观点，你也应将它们纳入你的话题。放心，你与听众的这种对立正是你演说成功的体现；否则，这种场面也不可能出现。我在训练经理人的课程当中就使用过这种假对立的方法，结果证明有助于提高他们的交际能力。

（15）讲故事。你可以用一个故事拉开你演说的序幕，故事独有的趣味性将拉近你与听众的心理距离。美国前总统约翰·肯尼迪在竞选总统时就曾讲过一个乘坐出租车的故事。他在下车时本打算多付给司机一些小费，以便司机投民主党一票。突然他想起了父亲的某些建议，下车时没有付任何小费，并且告诉司机要投共和党的票。

（16）做比较。如果你演说的内容与听众的日常生活密切相关，这种方法将倍显生动。我曾听过一个关于日常消费的演说，演说者将同一国家两个不同地区的消费水平进行比较，来说明地区发展不均衡的问题。同时，用比较的方法可以给听众留下深刻印象，从而使你的观点得到体现。比如，在2000年9月19日的纽约时报中，简·布罗迪写了一篇题为《在朋友的帮助下，大熊猫奇迹生还》的文章，文章讲述了一只刚出生的体重只有 150 克的大熊猫，在它的重达 90 千克的母亲的呵护照顾下生存下来的故事。文章称，这样悬殊的体重差距，即使大熊猫妈妈翻个身也能把大熊猫宝宝压死。作者打了个比方，她说，“如果人类中存在这个比例的母子的话，那么一位重 60 千克的母亲将生出一个只有 70 克重的婴儿。或者说，一个 3 千克重的婴儿的母亲将可能重达 2800 千克。”这些比较使人们很容易理解在大熊猫母子之间存在的巨大的体重差异。

（17）下定义。这些定义可谓俯拾皆是，在任何一本书籍当中，你都可以找到非常精彩的定义。例如，“人类就像赛璐玢（玻璃纸）一样：一旦你投入他们当中，就很难被剔除。”越是与众不同的定义，听众越难忘记。

轻松开场的训练步骤

万事开头难。你只要按照方法练习，就可以使你的开场更加轻松、顺畅。训练内容包括身体语言（6 个步骤）和推介开场模式示范（7 个步骤）两部分。

1. 身体语言

（1）深呼吸；

（2）稳步走上讲台；

（3）感谢介绍者（如果有介绍者）；

（4）直立台前，调整姿势，清除视觉干扰；

（5）停顿片刻，巡视台下听众；

（6）自然地微笑。

2. 推介开场模式示范

（1）问候听众；

（2）集中听众注意力；

（3）自我介绍；

（4）阐明演说目的；

（5）简述演说提纲，使听众大致了解演说内容；

（6）向听众分发事先准备好的材料，指引听众做好准备；

（7）做好准备，开始演说。

如果一开始就调动起听众的积极性，那么你的演说就成功了一半。至少，你应该像一位优秀的悬疑小说作家那样，充分激起听众的好奇心，让他们对下面的内容充满期待。

共情，一开头就让听众喜欢你

演说者要想更好地吸引听众，就要从人的心理规律入手。

如同艾斯宾浩记忆曲线，在每个遗忘的节点去复习，就可以使记忆达到效率的最大化。同理，在演说开始前 30 秒，听众就会关注你，继而判断该演说的水准值不值得自己去倾听。在这段时间如果你无法抓住听众的耳朵，后面就是纯粹在演而不是讲了，你发出的信息别人不接收，演说就会变成一种表演。

那么，什么样的开头才能引人注目呢？一大技巧就是直接陈情，进而让听众喜欢上你。

一次，某部队举办演说大会。主持人报完幕，演说者走上讲台，没有客套话，也没有手舞足蹈地讲，而是将自己变成一个平面的钟，朝着六点钟方向，吹哨起床，然后按照一天的作息转了一圈。

在主旋律高歌猛进、众人唱个不停的舞台上，这种形式确实很新颖，令全场激奋不已。

演说开头与听众产生共情，听众才能对你的演说更感兴趣，进入你的演说中，倾听你的讲述。因此，演说中要认真感受，面对这样的演说内容，自己是否有感，是否会被打动？如果你连自己都无法打动，怎么去打动听众？

2002 年，约翰内斯堡举办了一场地球峰会。这是一场大型的、关于全球气候变暖的全球性会议。在会场中，法国总统雅克·希拉克公布了一张著名的图片：“我们的家园在着火，我们却在旁观。”

这段演说开头引发了听众的共情，首先是惊讶，然后是愤怒，最后转为行动。

情感是一种态度，就是所谓的“从自己的自恋到进入别人的自恋”。只要掌握共情能力，就能从别人的角度思考问题。这时候，通常都会经历两个过程：第一阶段是体验，第二阶段是理解。

体验别人的感受，其实就是让演说者提前进入演说场景，去感受听众的声音，例如，后排听众能听到多大声音、靠近音响的听众能感受到多大声音、听众座位是否舒适、场内温度如何、灯光有多强、能否看到投影上的字等，这就是感受。只要演说者感到舒适，听众感受就不会太差。

平时，我们劝慰别人时总喜欢说“我理解你”，但其实就是说说而已，要想对他人表示理解，先要经过体验。体验后才能理解，有时一句“我陪着你”比“我理解你”更暖心。

从演说者的角度来说，只有经历过听众所处的内外环境，才能做到理解。究竟要理解什么呢？理解听众的走动，理解听众的异议，理解听众的情绪……体验后，如果能够进行调整，将问题解决，效果必然是最好的；不做调整，仅表示理解，并不能解决问题，但可以安慰自己。

从听众感兴趣的话题入手

优秀的演说者会从听众的角度出发，解决听众的问题，给他们带来价值和收获。

演说不是想到什么就说什么，而是演说者用个人魅力和影响力来说服听众。

换位思考一下，如果你是听众，会对什么话题感兴趣；如果你是听众，为什么要来听这次演说？

一次，弗兰克拜访一位富翁，由于有很多感兴趣的话题，两人从上午11点，谈到下午5点，一直持续了6个小时。临别的时候，富翁高兴地说：“你知道吗，我觉得好像只谈了5分钟。”

第二天，两个人接着谈，从下午2点持续到6点。第三次谈话则持续了更长的时间。这时候，富翁已经不再把弗兰克当作外人，仅自己的发迹史就滔滔不绝地讲了9个小时，而弗兰克作为听众也兴趣十足，还不时地询问或赞美几句。

弗兰克用心倾听和感受，获得极大的成功。最终，富商不仅给50岁的女儿投了寿险，还为自己的生意投了10万美元的保险。

谈论听众感兴趣的话题，引起对方的兴趣，对方自然会敞开心扉，向你传达更多信息。两个人的心理距离拉近了，才会建立信任，为合作奠定基础。

现实中，演说高手一般都善于运用“利他思维”，为他人提供帮助和价值，自然更容易吸引追随者。

举个例子，演说者开头说：“如果有一种写作方法，可以让你的公众号文章3个月内阅读量增加到10万+，你们想不想了解一下……”

演说并不是要告诉听众什么事实，而是你能给听众带来怎样的利益，如果一开头就把产品特色转化为听众的利益，这种利益符合听众的需求，不仅能吸引听众立刻注意到演说，也能瞬间将演说内容的价值体现出来。

演说开头只谈论自己感兴趣的话题，而听众却感到无聊透顶，是无法成为一名演说高手的。相反，引导听众谈论他们的兴趣、事业、高尔夫成绩、成就……情况就会大为不同。如果听众都是家长，也可以从他们的孩子入手。

不考虑听众以自我为中心的倾向，听众很快就会感到烦躁不安、表情腻烦，不时抬起手看时间，并且渴望离开。那么，听众究竟对哪些话题感兴趣呢？

（1）情爱。这个话题有些敏感，有些忌讳，但是，在聊天的场合尤其是酒桌上，必是最佳话题。这种内容的演说，演说者只要机智，都能赢得掌声。林语堂曾在台北参加一次聚会，轮到他讲话时，已到中午，与会者都饥肠辘辘，又不得不装出对演说很有兴致的样子。于是，他上台后说："绅士的演说应该像女士的裙子，越短越迷人。"说完，就结束了发言。

（2）偷窥。世界是由金字塔构成的，多数人永远处于最底层，对高高在上的人物永远充满好奇。所以，从古到今，宫廷秘闻、明星八卦、名人故事，都是人们喜欢谈论的话题。演说时，以这些话题为切入点，更容易吸引听众注意力。

（3）成就感。每个人都需要成就感，即存在感。这种存在感不分阶级、地位、财富和影响力，只要你生活在这个世界，就需要存在感。很多人之所以喜欢发微信朋友圈，目的就是希望引起他人的关注，增加自我存在感。

（4）不幸。不幸的来源就是灾难，灾难是人类故事的母题。灾难中，必然饱含着不幸的事件、不幸的人物、不幸的原因，以及战胜不幸的方法。尤其是，不幸还容易唤醒倾听者的代入感与同情心，同时激起听众的热情。

（5）炫富。炫富与成就感关系密切，甚至可以说就是成就感的一种。炫富不仅和金钱有关，还与炫富者的心理失常有关。它会形成一个巨大的磁力圈，引来众多参与者、围观者、赞美者、批判者、起哄者、幸灾乐祸者……

（6）利益。近些年，各种聚会和培训，最吸引人的就是如何快速发财挣钱。司马迁说，天下熙熙皆为利来，天下攘攘皆为利往。要想吸引听众的兴趣，完全可以从利益出发，跟听众谈谈"钱"。

总之，演说中，要想吸引听众，就要从听众感兴趣的话题入手，寻找有价值的话题。

设置悬疑，激发听众的好奇心

“蔡尔尼戈效应”有一个明显的特征：只要悬念没找到答案，大脑就会主动记忆，甚至几年都不会忘记。

将这个技巧用于演说中，就是要学会制造悬念，让该效应在听众大脑中发挥作用，让听众产生强烈的好奇心。

奥巴马曾苦恼于演说该如何开头，总觉得无法吸引听众的注意。妻子给他出了一个主意，开头说：“我一生中最幸福的时光，是躺在一个女人的怀抱里。”首先将听众的注意力吸引过来，再继续说：“这个女人就是我的母亲。”这种开头就很有杀伤力。

后来，奥巴马再次演说时就用这句话开头，结果说完前一句后，所有听众都看向他，他却紧张得忘了词，只好说：“可是，我好像忘了是哪个女人了。”结果，引起听众一阵大笑。

无论是总统演说，还是当众讲话，好的开头都是整场演说的重中之重。它既能让演说者获得自信迅速找到感觉，也能让听众充满精神认真去倾听。

相信，很多人在电视剧、电影、小说甚至恋爱中，都有过这种体会：一旦自己被火爆的场面、离奇的剧情吸引，之后就无法移开眼睛，忍不住看下去，直到看完为止。

过去，没有网络，为了追一部电视剧，很多人每天脑子里想的都是电视剧下一步如何发展。悬念的威力由此可见一斑。

看看下面这个例子：

有一个国家拥兵百万，却在一次战役中被对方十万军队打得惨败。此时如果你是个谋士，对这个国家的将军说："我现在有一计，可以让你在三天内击退敌军，你是否愿意听？"（前置悬念）

这时候，一筹莫展的将军肯定会认真安静地听你讲。你娓娓道来，逐步塑造价值："将军，我军擅长地面厮杀，对方善于骑兵，双方在平地开战，我军多半会被打败。如果使用我建议的三个步骤加两个策略，就可以让对方死无葬身之地。"

对方立马来了兴趣，觉得距离真相近了一步，你要告诉他三个步骤和两个策略是什么："将军，这三个步骤加两个策略其实很简单，只有十个字。按照这个方法，只要进行一个时辰的部署，就可以实现。"（抛出第二个悬念）

听了你的讲述，将军多半会觉得距离真相更近了一步，渴望立刻知道。这时候，你可以说："要想知道事情的真相，需要将军支付十万两黄金。"

显而易见，将军一定会做出付十万两黄金这个行动。

从本质上来说，演说就是设置悬念，高手会在整个演说过程中不断地制造悬念，不断地铺垫，一个比一个让听众感到好奇，不断地吊他们的胃口，直到他们受不了，接受这个观点。

所谓多米诺营销，就是步步设疑，一步一步地将消费者的欲望放大。在演说开场白设置悬念，是提高演讲吸引力的有效方法。对于一些完全超出自己想象的问题和事件，听众一般都有着强烈的探求欲望，对外界信息的敏感性也会增强，进而产生一种欲罢不能的情绪冲动。因此，演说开头设置悬念，讲一些罕见、奇特、令人震惊的事件，可以获得出奇制胜的效果。

用故事做引子，让听众沉迷

生动形象、感人至深的故事可以使演说引人入胜，发人深思，除此之外，还能将故事的画面感呈现出来，掀起故事的冲击波，把握故事的节奏感，就更能吸引听众的注意力，让听众在故事中受到启迪，得到收获。

有这样一段开场白：

一次，一家公司的团委书记邀请我去给员工做演说，他掏出几张纸，上面列着公司最近自杀员工的名字，自杀的原因是，工作压力大、恋爱不顺、无法还上信用卡等。所以，我觉得有必要与大家谈谈这方面的问题。

这个亲身经历的故事很简短，但一下子就把听众的注意力集中起来了，使大家意识到了问题的严重性。

听众听演说，通常会对与演说者相关的故事感兴趣。演说者身上备受关注但又没有披露、不被听众所知的故事，最容易让听众沉迷。

苹果公司创始人乔布斯在一所大学演说时，讲了这样一个故事：

幸运的是，我在很小的时候就发现自己喜欢做什么（语调平稳轻松）。

20 岁时，我和沃兹在父母的车库里办起了苹果公司（语气平静，提示了创业的艰辛）。

我们都很努力，十年后，苹果公司发展成为一个市值20亿美元、拥有4000多名员工的大企业（语言奔放、富有激情）。

而在此之前的一年，我们刚推出Macintosh电脑，那时我刚过而立之年（透露出一种年轻人的成就感）。

后来（句中顿挫），我被解雇（语气低沉，听众傻了）。

怎么会被自己办的公司解雇呢（较长停顿，留下悬念）？情况是这样的。苹果越做越大，公司聘请了一位自认为非常有才华的人，与我一起管理公司（语调回到一般状态）。

在开始的一年多时间里，一切都很顺利（较长停顿）。

可是，很快我俩就对公司前景的看法出现了分歧（语速加快），最后反目（表情严肃）。

这时，董事会站在他那一边（语速迟缓，无奈的样子），最终在30岁那年，我离开了公司。

当时，这件事闹得人尽皆知（语调升降频繁，起伏不定），我似乎失去了整个生活重心。我心力交瘁，（语调先平后降，速度放慢，低沉持重）……

在这段演说中，演说者的语气、语调和语速等随着故事的展开而不断变化，有时一气呵成，飞流直下；有时平缓清晰，如潺潺溪流；有时顿挫有致，留下空白，形成了疏密有致的自然状态，突出了故事的内容与逻辑，讲出了自己创业的艰难。再加上惯有的表情和手势，更是将节奏感表现得淋漓尽致。

用故事开头，可以给演说带来如下好处：

（1）能给听众留下更加深刻的印象，易于听众对重点内容的长久记忆；

（2）故事通俗易懂，利于听众对演说主题的理解，有助于提高演说质量；

（3）故事带来的必定效果，可以有效活跃气氛。

当然，所谓的好故事，就是能让听众参与到你的故事中来，让他们的感官都被故事吸引，让听众听到、看到、闻到、尝到和触摸到故事的每个关键点，比如：讲到山楂时，听众会直流口水；讲到刚出炉的面包时，听众会闻到香甜的小麦味；讲到把手放进冰水里时，听众会产生一种冰冷的感觉；讲到“倒车，请注意”时，听众会停止往前走；讲到一个身材窈窕、肤白如雪、唇红齿白的女子时，听众的眼前会浮现出一个秀丽的美人形象。

这种故事，完全可以抓住听众的感官，调动他们的情绪，进一步吸引听众，成就一次成功的演说。这也印证了一句话，只有调动听众的感觉，才能真正调动听众，而这正是演说发挥效果的必备手段。

那么，如何讲好一个故事呢?

1. 五要素缺一不可

好的故事，一般包括何时、何地、何人、何事和何故，要想让故事发挥出应有的作用，这五要素缺一不可。

（1）何时。表述开门见山，警示性地引起听众的注意。

（2）何地。表述尽快进入场景，突出想表达的主题。

（3）何人。表述有名有姓，显得真实，方便听众厘清思路。

（4）何事。表述要具体，多描述细节。

（5）何故。表述相对不太重要，是对听众的一个心理释放。

2. 挖掘主人公的内心

故事，一般都是为演说主题提供服务的。演说者要在故事讲述中推出特写镜头，努力挖掘出故事主人公的心理及言行，通过简单的提炼，深化主题、启迪思考，让演说血肉丰满，使听众产生“钻心透骨”的感动。

3. 讲出故事的画面感

讲故事是一种叙述的艺术。演说者要把自己当作故事的目击者甚至当事人，从声音、姿势、动作等方面进行表演，交代清楚人物、环境和事件，最好能鲜活地还原现场，引导听众“旁观”。

第八章　声音：富有磁性的声音更加悦耳动听

音量适中，才不会伤害听众的耳朵

演说不仅是一门艺术，还是最奇妙的魔术，演说者的音量就像一杆量尺，标示着演说者内在修养的高度。在正式场合演说，要对自己充满信心，声音要洪亮；声音细小如蚊虫，或含含糊糊、词不达意，都会给听众留下不好的印象。

声音大在某种程度上代表了激情，如果你内心充满了激情，完全可以用声音来展现。

一位刚参加工作的师范毕业生，对“怎么说永远都比说什么重要”这句话深有感触。她给学生上语文课的时候，如果声音小一点，班级秩序就不好，感觉自己控制不了场面。相反，把嗓门放大一些，学生就会专心一些，她自己也感觉有力量一些。其实，学生不在乎你在说些什么，只要声音大，他们就会高看你，不敢随便惹你，会尊重你。当然，也不能无限制地大，声嘶力竭地号叫，就显得有些过度了。

演说的声音，强调的是大而适当，要以宜人为标准，要让人听起来觉得舒服。

不管任何形式的演说，大声讲出来总没有错。音量大会显得自信，也更容易让听众接受你的观点。

上台演说时，音量足够大，有如下好处：

第一，可以让听众集中注意力。上台演说，不懂得提高嗓门，依然用平时聊天的音量，很容易出问题。首先，不能集中听众的注意力，音量太小，后排的听众无法听清你讲的内容，你很容易分心走神。多数情况下，演说者所讲的内容并非听众必须听清，除非你讲的是大家如何分钱、分房子等利益与机会分配，否则他们都不可能特别专注。因此，只有提高自己的声音，才能让他们听清你在讲什么。让听众集中注意力，不仅可以让他们将你的演说听进去，还能让听众更专注，激励你认真演说，你也会因此讲得更投入、更精彩。

第二，可以减轻紧张感。一方面，听众的专注会增强演说者的自信，减缓演说的压力，自己也不会那么紧张。另一方面，当你的声音弥漫在整个会场，就会强烈地感受到一种压制听众的力量，不会让听众的气场盖过你。当然，声音大也可以起到转移压力的作用。

第三，可以让你的演说更有气场。很多人都玩过划拳这项游戏。有些人并不擅长划拳，但嗓门足够大，气势足，对手会跟着他喊的节奏来，赢的概率就会增大。即使输了要喝酒，因为嗓门放开吼，身体内的能量得到释放，酒量也能提高。

不论现场有多少听众，演说时你都要让声音传达到离演说台最远的那一排听众，吸引场上每个听众的注意力。

在整个演说过程中，演说者要根据表达思想感情的需要、会场空间的规划以及听众分布等情况，随时改变声音的响度，要做到低而不虚、沉而不独、有强有弱、抑扬顿挫，提高演说口语的层次感和声音的错落美。

即使平时说话声音小的人，演说的时候也要尽可能地放大音量。有些人平常说话很正常，一站到演说台上，就会变成朗诵式。对于这种现象，要充分利用，发挥它积极的一面。想象台下是千军万马，或狂涛怒海，或熙熙攘攘的菜市场，根据你的人生经验，想象成什么都可以，只要是你过去经历过的嘈杂环境就行，一旦本能地用更大的声音压住它们，你的音量自然能大起来。

当然，还可以将话筒等充分利用起来。虽然用话筒将嘴部遮挡住，会让你的演说显得不可信，但和音量不够大相比，这已经不那么重要了，所以，如果你天生说话音量小，就应该把话筒更贴近嘴唇。

掌控语速，演说也能成为跳动的音符

如同人们走路有快有慢一样，演说中也存在语速问题，有时快一点，有时慢一点，快慢相间，变化有致，会给人一种变化的美感。如果一个人演说的时候，语速像机器的机械运动一样，总是一个速度或一个节奏，不仅不利于表情达意，还会让听众感到索然无味。

掌握语速变化的技巧，可以让听众的喜怒随着你的好恶而变化，即使平铺直叙的枯燥沉闷的内容，经过你的处理，也会变得异常吸引人。

如何知道自己说话有多快，可以计时算一下，在一段的开头做个记号，大声朗读一分钟，然后数数读过的字数，一般为每分钟 150 字左右。正常谈话，每分钟大约能说 200 个字。

在一般的演说中，演说者要熟练地把握演说语速，根据现场的实际情况、演说内容和其他因素选择合适的语速。

如果是正式演说，语速就不能太快。否则，听众不仅听不懂，还无法跟上你的思路，更容易使人产生怀疑，误认为演说者怯场。因为，人们胆怯时往往语速较快。当然，演说也不能太慢，否则会显得拉腔拖调，给听众走神的空间，让听众产生愚笨、迟钝、缺少教养的感觉。

演说者思想感情的起伏变化，结构的疏密松散，语调的抑扬顿挫以及言谈举止等要素的有序、有规律、有节拍的组合，会形成演说的节奏。常见的演说节奏有轻快型、持重型、平缓型、急促型、低抑型等。

演说语速，只有做到快慢得体，缓急适度，快而不乱，慢而不拖，快中有慢，慢中有快，张弛自然，错落有致，才能显示语言的清晰度和节奏感，使演说具有音乐美。语速过快，会“供过于求”，引起听众烦躁，自然也就无法全面了解内容，更无法理解感情。

总之，演说者的语速要急缓有致、抑扬顿挫、节奏清晰。那么，如何掌握正常的演说语速呢?

（1）正常语速。当表达一般内容时，语速要适中，既不要太快，也不要太慢。

（2）适当加速。表达热烈、兴奋、激烈、愤怒、紧急、呼吁等情感时，语速应尽量快一些。当内容达到精彩的高潮，或为制造结尾“戛然而止”的效果而蓄势时，语速要有一个陡然加快的过程。但是，不能一口气说完，否则会让人喘不过气来，影响效果，得不偿失。

（3）实时减速。当演说内容涉及比较严肃的事情或问题时，想给听众一种深深警醒、撞击心灵的效果，就要放慢语速；当表达怀念、悲伤、寂寞、失落、失望等思想感情，特别要唤起听众注意时，可以放慢语速；想要特别强调时，要放慢语速；如果要交代数字、统计、人名或地名等，就要放慢语速；故意提出疑问引人思考时，也要放慢语速，给听众一定的思考时间。

此外，语速变化还要考虑到语言自身的特点。比如，句式冗长、词汇生僻时，语速不能太快；如果语言整齐、富有韵律色彩，就要说得快些，因为只有这样，听众才会听得顺耳，才能听出节奏感。

语速的变化应当是自然的、顺畅的，因为只有语速适宜、快慢有致，才能有效传达情意，让听众感到优美悦耳。语速过慢，会让人感觉不自信；语速过快，会让听众有压迫感。因为紧张而导致语速过快，不仅不利于演说，还会让演说者感到更紧张。所以，演说者在平时练习时应该尽量控制语速。

（1）计时朗读。选择一篇字数在200左右（包括标点）的文章（除诗歌和散文外），做语速控制练习。朗读过程中，要读音准确、吐字清晰，逗号空一个字的时间，句号空两个字的时间，书名号、引号不用空时间；语句本身要流畅，语句之间的标点要有明显的停顿。朗读的时候，控制好时间，并用手机做好录音；然后再回放给自己听，发现问题并加以改进。每天练习30次，1月左右可以养成习惯。

（2）刻意模仿。先用标准语速模仿，比如，新闻播音员的语速就比较适中。他们说一句，你模仿一句。播音员的语速是经过训练的，模仿一段时间后，也可以选择自己喜欢的演说风格进行模仿练习。在此阶段，与别人交流时，也要控制好语速。

（3）演说练习。提前准备好200字（包括标点）的演说稿，朗读一下，用闹钟计时，到60秒时截止，然后再根据具体情况对语速进行调整。

（4）反复练习。反复练习脱稿演说（但不要背诵），要根据演说稿的主线把内容复述出来，这样的演说才会轻松自然。

（5）登台演说。登台演说，限时60秒，时间控制在55秒到65秒之间算合格。在第50秒的时候，进行时间提示。在这个阶段，要充满感情地进行演说，让真情自然地表露出来。登台练习时，要对普通话、语速、语气、语调、抑扬顿挫等同时进行练习。

演说时吐字要清晰

吐字准确清晰是演说最基本的要求，这就要求演说者在演说时必须使用普通话，吐字清晰，避免因汉字一字多音现象而造成听众对演说内容的误解。

相传，明代嘉靖年间，解钦差奉皇帝的旨意巡查运河航运。

到达古城沛县时，县衙为了迎接他，大摆筵席。

宴会中，酒过三巡，解大人突然来了兴致，想出联相对，便说："今天大家聚在一起，实在难得。我出一个上联，请各位对出下联，以助酒兴。"各位官员都说"好"。

解大人说："一杯清水，解解解元之渴。"众官听了，没有一个能对得上来，大家面面相觑，情形窘迫。

正在这尴尬的时候，官员们忽然听到一阵箜篌的击打声。

官员们抬头，看到一位被请来奏乐助兴的伶女正启动嘴唇，唱着莺莺之声："半榻箜篌，乐乐乐府之词。"

话音刚落，满堂一阵感慨之声。

上联中"解"字一共有三层意思：第一个"解"字的意思是"解渴"，第二个"解"字是姓氏，而第三个"解"字便是"解元"的意思，这位解钦差乃解元出身。伶女应对得十分巧妙，第一个“乐”字是快乐之乐，第二个“乐”字是弹奏之意，而最后一个“乐”字是“乐府”之意。

《红楼梦》中有个小故事也挺有意思：

一天，凤姐差遣宝玉的丫鬟小红替她去办事。

小红办完事回来复命，凤姐见小红说话干脆利索，一清二白，非常高兴，说：“你这个丫鬟说话对我脾气，这么着吧，你以后就跟着我吧。”

在宝玉身边，小红只是一个负责打扫卫生的粗使丫鬟，到了凤姐这边，摇身一变，成了深得器重的贴身丫鬟，地位扶摇直上。

小红是凭借什么脱颖而出的呢？就是凭她说话清楚明白，让人听着舒服。咬字清晰的作用由此可见一斑。

那么，怎样才能做到发音准确、吐字清晰呢？

首先，要熟悉言语产生的过程。言语是日常生活中必不可少的一种工具，通过频繁使用，最终发展成为一种异常有效的表情达意手段。其形成过程很复杂，仅动动嘴唇和舌头并不能实现。只有熟悉发音器官的构造、活动和作用，才能掌握正确的发音方法，做到吐字清晰。

人类没有单独用于发音的器官，使用的是呼吸器官和消化器官。这些器官原本不能产生言语，只会完成维持生命的动作，后来才用于说话。发音器官有肺、气管、喉（包括声带）、咽、鼻和口，这些器官形成了一条形状复杂的“管道”。由于舌、唇和咽、口、鼻的形状可以发生各种变化，我们就能发出不同的语音，多数言语的声波就是通过这个机制产生出来的。

其次，要矫正发音和吐字的不良习惯。在演说过程中，只有发准每一个字、词的读音，演说活动才能正常进行下去，否则就会造成歧义和误解。请看下面这个例子：

有位青年农民进城办事，需要住旅馆。他问路人："同志，雷管有没有？"

路人听了，厉声问道："雷管是国家禁止私人买卖的爆炸品，你要它干什么？"

经过再三解释，方知是青年农民发音不准，将"旅馆"说成了"雷管"。

生活中，类似情况还有很多。一般情况下，在台上做演说，借助手势、表情等辅助手段，听众还能猜个大意，可是，远距离通信联络，如果发音不准，吐字不清，就容易产生歧义，影响表达效果，所以演说者要努力克服发音吐字方面的不良习惯，比如，鼻音、喉音、捏挤、虚声等。争取做到：发音圆润动听，吐字清晰悦耳。

当然，想练习正确发音吐字，有很多途径：一是学习语言学常识；二是养成勤查字典、随时正音的良好习惯；三是广泛地从社会信息中寻求帮助，利用电视、电影、广播等有意识地听辨，矫正自己在发音吐字方面的问题。

同时，还要进行如下发音吐字训练：

（1）声母、韵母练习。声母训练时，要严格掌握正确的发音部位和发音方法，找准着力点，使发出的音有弹力；韵母训练时，要严格控制口腔的开合、唇形的圆展和舌位的前后。

（2）正音练习。要按照普通话的语音标准，矫正自己的方音和难点音，比如：平翘舌练习（z—zh，c—ch，s—sh）鼻音、边音练习（n— ）前后鼻韵母（n—ng）及声调练习等。

（3）发音器官训练。比如，口腔开合练习、唇的圆展练习、舌的前伸后缩练习、舌尖练习等，多进行灵活控制发音器官的活动，能使发出的声音更准确、更清楚。

此外，在正确掌握了声母、韵母和声调等的基础上，还应进一步讲求声音的优美动听。要通过共鸣训练，学会控制胸、口、鼻三个共鸣器官的方法，使发出的声音圆润悦耳，让人听后心旷神怡。

用你的声音震撼全场

演说的时候，声音是最重要的工具。幸运的是，就像学习如何演奏乐器一样，演说者也可以学习如何使用声音，提高演说能力，增强说服力。

众所周知，为了让自己的音质好、共鸣强，歌手每天都要花几个小时来练声，有时甚至还要成年累月地练习。想要拥有出众的演说能力，演说者也要这样做。

震撼力的嗓音，音色更强，声音更有力，充满了能量和活力。演说时，如果你有力量，有自信，熟知自己所讲的话题，认为自己所阐述的观点很重要，听众自然会相信你所说的话，并接受你的观点。

演说者的声音要想震撼全场，需要做到以下几点：

1. 放慢速度

放慢语速，声音就会显得更有力量，更有权威，听众也会接受你的话并进行思考。你会流露出自信的魅力，彰显演说内容的重要性。

声音洪亮、充满自信的演说，不仅具有震撼力，还容易打动人心。事实证明，举足轻重的人物演说时都慢条斯理，吐字清晰；表达观点时，都充满自信。

演说时语速较快，音调就会升高，听众听起来会感到刺耳，且显得不成熟。对听众来说，演说的威力以及演说者的影响力都会下降，因为听到这样的声音，听众就会贬低演说内容的重要性或价值。

2. 富有震撼力

人的声音就像肌肉，通过练习和使用可以变得更加强大，让演说者说起话来更有震撼力，更有自信心。当然，要想塑造声音，增强震撼力，最好的方法就是大声朗读诗歌。选一首自己特别喜欢的诗，默读背诵，开车时或散步时经常朗诵。朗诵的时候，想象自己正在一群人面前进行戏剧表演；同时要富有感情，充满力量，重点突出，彰显活力。

3. 每个人都能听清

不论现场有多少听众，演说时你都要做到：让声音能传达到离演说台最远的那一排听众。这样，就会吸引场上每个听众的全部注意力。不论何种情况，音响设备都是你最好的伙伴，要提前认真检查。在会场内多走走，看看是否有听不到声音的死角，要确保会场内各个地方的音响设备都安装妥当。

4. 重视停顿的作用

演说中最有效的声音技巧是“停顿的力量”，因为演说的表演性和震撼力都蕴藏在要点转换之间的沉默片刻。站在听众面前感到紧张，越讲语速越快，越讲声音越高，中间没有丝毫停顿，不利于演说的成功；一定要放松下来，将语速放慢，不时停顿一下，让自己的演说更有权威。

5. 适当变化语气

要想强调某一点，就要说得再大声些，力度再强些。演说时花的力气越多，越强调某一句话，听众就会越发地关注和重视。如果所讲的内容比较敏感或煽情，就要放低音量，语气要亲切。记住，不论演说主题如何，声音变换方式越多，听众觉得越有趣，听起来也越愉快。

6. 声音充满能量

演说者要想自己的演说出色，最重要的就是充满能量。演说是“激情的对话”，会在更高的层面，跨越更大的距离，向更多的人显现出演说者的能量。

第九章　表达：主题构造离不开语言的表达

用数字说话，演说才能更精准

很多人认为，数字很抽象，也很单调。然而，高明的演说者却能巧用平常数字，让自己的演说在独特的情理表达中，给听众以智慧的启示，对听众进行思想的引导，让他们调整心态，享受情感的陶冶。

俞敏洪在《教育有一个误区》的演说中就使用了很多数字：

物理老师不愿意放弃这个只考了 8 分的学生，就对这个学生说：“再考一次，如果下次考试你考到 9 分，就算你及格。”这个学生想，不就加 1 分吗？于是，又考了一次，结果考了 28 分。

怎么鼓励他呢？老师让全体学生做了一个减法，把这次考试成绩和上次考试分数相减，然后把得到的结果告诉老师。这个同学得到 20 分，在班级的分数最高。

老师问：“请问，从上次考试到这次考试，我们班哪位同学进步最大？”

全班同学异口同声地说是……

从此，这个孩子就喜欢上了物理，最后成了美国的一位物理学家。

这是一位美国物理学家的真实事例。老师让物理只考了8分的学生再考一次，只要能考9分就行，结果这个学生考了28分。老师让这个学生将这次和上次的考试成绩相减，结果大家发现，这个同学虽然只考了28分，却是班里进步最大的。老师巧妙地使用几个数字，鼓励这个学生喜欢上了物理。

演说者独具一格的讲述，可以彰显一种与众不同的智慧，自然能启示听众走出认识的误区，对听众起到激励作用。

白岩松在《每个人都能成为“东方之子”》的演说中讲过这样一段话，令人深思：

大学中，一个重要的课题就是，心理素质的锤炼。我很担心从大学出来的人都是透明的高能人：表面上看起来无所不能，既能得科学大奖，又能设计高精尖的产品，但是只要遇到挫折，内心就会荡漾，吃60片安眠药也无法安静下来。走出大学校园之后，我们终于发现，生活并不像我们想象的那么绚丽多彩。

生活中最精彩的事占5%，最痛苦的事占5%，剩下的90%全是平淡的事情，就连白哥也是如此。我们平淡地生活着，偶尔会邂逅那精彩的5%，甚至独自一个人去面对那5%极其痛苦的一面。我们都是被这5%的精彩吸引着，先熬过了90%的平淡，再忍过了5%的痛苦，就是生活。

在这段演说词中，白岩松强调了大学生锤炼心理素质的重要性。为了让学生真正理解生活，他巧妙地运用三个百分数，解说了一个人不同比例的生活情态；同时，深刻地指出“我们都是被这5%的精彩吸引着，先熬过了90%的平淡，再忍过了5%的痛苦”，这就是他对真实生活的感悟。

巧用数字说话，来表达对生活的真实体验和领悟，确实能引导听众调整好自己的心态，更加冷静和清醒地面对真实的生活。这再一次告诉我们，即使是抽象枯燥的平常数字，也能传导和解析真挚而深刻的情理，让演说者的演说变得不同寻常。

巧用数字演绎演说，可以起到如下作用：

（1）数字的计算凸显智慧。计算数字的时候，需要遵循一定的方法和规则，然而，高明的演说者却能独具匠心地用某种独特的数字计算方式，表达自己独特的见解，突出某种别出新裁的思想和观点。

（2）数字的变化点明主题。在特定的条件下，数字是会发生变化的，有些变化甚至还会让人惊叹。因此，演说者完全可以利用数字的这种变化来引发听众的关注，以一种出人意料的方式把演说导入主题。

（3）数字的解说透示哲理。在演说中将特定数字列出来，多半要进行独特的解说。这种解说一般都包含着平常生活中蕴含的事理，可以引发听众思考，引导他们领悟人生。

（4）数字的对比抒发情怀。在演说过程中，演说者有针对性地把两个数字放在一起，就能形成鲜明的对比和强烈反差，从而在情理交融之中达到以情动人和以理启人的独特效果。

演说中，演说者可以用数字来说明问题，证明自己的观点。但是，数字也不是随便拿来就能使用，要注意以下几个方面：

第一，标明数字的出处。不要随意使用数字，因为认真的听众一般都会注意数字的出处，所以，要想增加可信度，就要告诉听众这些数字来自哪里。

第二，解释数字。很多时候，数字本身并不能完全说明问题，不仅需要演说者进行必要的解释，还要和听众的认知联系起来，才能达到预期效果。

第三，简化繁复的数字。为了方便听众记忆，演说者可以把复杂的数字进行简化，比如，黄河长 5464 千米，完全可以简化为“5500 千米左右”。

第四，使用视觉辅助来解释数字。演说者讨论数字趋势、规律以及列举其他形式的大量数字时，为了增强演说效果，可以使用一定的视觉辅助物。

第五，使用来源可靠的数字。数字的来源应该是可靠的、中立的，与演讲主题之间没有利益冲突。

第六，使用具有代表性的数字，保证数据库足够大。

听众都喜欢听故事

喜欢听故事，是人类的共性。

脑神经学的研究表明，人们在听故事的时候，会触发右脑情绪感知反应。这种情况，和我们亲身经历时所产生的反应完全一样。也就是说，人们之所以喜欢听故事，是因为故事可以让我们在一种安全的环境下获得一种亲身经历的感觉。而这种感觉能够真正满足人类最底层的心理需求。

在日常生活中，故事的展现往往需要通过口头语言传达出来。将故事融入演说中达到沟通目的，远比一味地讲道理更有效。所以，演说者要想提高自己的演说水平，就要学会讲故事，培养故事思维。

2020 年 11 月 23 日，我受深圳大学管理学院邀请，在大连烟草行业副处级以上领导干部创新研修班上分享了《人工智能时代的企业管理创新与华为战略性人力资源管理解码》。

我的课程是企业管理亲身实践的总结和提炼。为了让演说更加鲜活，我在其中穿插了很多故事，比如：

在开场白中，我说："华为早期靠营销，代理国外的程控交换机，有人向任正非先生提出，我们多做些代理，能挣很多钱。任正非先生表示反对，说必须要有自己的知识产权、自己的专利，构筑行业堤坝、行业壁垒。华为的中期靠研发，投入研发，构筑行业壁垒；华为的现在靠管理，实现了管理创新……作为曾经的华为人，我有幸参与了华为从优秀到伟大的过程。在华为高速发展的过程中，参与组建了行业解决方案部，成为华为行业解决方案部的创始人之一，成功参与了华为从卖产品到卖解决方案的转型过程。2011年年初组建行业解决方案部，那一年我一共面试了一千多人，为行业解决方案部吸纳新人数百人，年底我获得了"优秀面试官"奖和突出贡献奖。今天有机会把伟大企业的成长经验分享给大家，我感到很高兴，希望大家能把握机会，获得更多启示……"接着我就开启了三个小时的精彩演讲。

讲到华为管理变革时，我还专门穿插了IBM当年十年变革的案例："咨询出身的郭士纳临危受命，上任后使亏损80亿美元的IBM第二年就盈利30亿美元……"

在这次演说中，我选取的故事栩栩如生，生动活泼，精彩不断呈现，迎来了阵阵掌声，营造了活跃的演说氛围。

故事，确实能为演说主题服务。把自己当作故事的目击者甚至当事人，从声音、姿势、动作等方面进行表演，交代清楚人物、环境和事件，就能活生生地演绎现场，引导听众"旁观"，引发听众的情感共鸣。

卓越的演说者都会在演说中推出特写镜头，对故事主人公的心理及感人言行进行深度挖掘，然后通过言简意赅的提炼，点化主题、启迪思考，让演说变得更加形象逼真，给听众留下"透彻入骨"的感动和思考。

一位演说者在演说中讲了这样一个故事：

20世纪60年代，一位老先生去南非做生意。那时，南非还奉行种族隔离政策，黄种人是有色人种，乘坐公共汽车时只能坐后排座，前排的座位是属于白种人的。

一天，老先生上了公共汽车，习惯性地往后走去。

司机突然说："你可以坐到前排了。"

老先生感到非常惊讶。

司机说："昨天，你们国家成功发射了原子弹。你难道没看今天的报纸？"老先生摇摇头说，还没来得及看。

旁边的几个白种人也对他露出了毕恭毕敬的神情："原子弹是高科技，中国已经掌握了世界上最尖端的核技术。核武器是实力的象征。"突如其来的尊敬，让老先生半天没回过神来。

接着，司机大声说："能造出原子弹的民族，就是优等民族。从今天开始，中国人都可以坐前排座。"

最前排的两个白种人主动站起来，给老先生让座。老先生愣住了，眼泪瞬间夺眶而出。新中国的强大，为他争来了前排座，挣来了一个民族整体的尊严。

这里，演说者极力渲染"让座"的情景，"从今天起，中国人都可以坐前排座"，因为"能造出原子弹的民族，就是优等民族"，理应受到尊敬……语言打动人心，自然能掀起强劲的冲击波，揭示了主题，即"只有站立，才有尊严"，让听众跟着老先生一起感动、一起感受心灵的震撼。

在构思一场演说时，优秀的演说者都善于用故事来表达自己的观点，特别是亲身经历过的故事，演说者讲述起来更流利畅达，听众听后也能留下深刻的印象。

那么，究竟什么样的故事最能打动人呢？是最成功的故事、最失败的故事、最快乐的故事、最痛苦的故事、最难忘的故事、最感动的故事、最激动的故事、最幸福的故事、最幽默的故事、最新颖的故事、最兴奋的故事、最有价值的故事、最深刻的故事、最喜乐的故事、最有意义的故事……

在这个世界上，任何东西都不会像故事一样抓住人心，尤其是那些战胜重重困难的励志故事。那么，如何才能将故事讲好呢？

（1）讲述的故事只有符合主题，才能满足听众的期望。要想找到对演说有用的故事，就要用眼睛看，用耳朵听，将身体感官充分调动起来，从生活中汲取灵感，提前想好符合主题的故事。生活中，到处都有可以用来做展示的题材。此外，也可以收集一些与公司或产品有关的趣闻、剪报、图片、视频或新闻等。

（2）好故事，开头引人入胜，主体重点突出，结尾言之有理。要想做到这一点，首先就要提高创新意识，为了吸引听众的注意力，也可以借鉴一些媒体的做法，选用一个响亮的标题。当然，故事的主体也要沿承这一风格。但故事的关键点最好用凝练的一句话来总结。因为，只有最简洁的才是最有力的，才会给听众留下深刻印象。

（3）故事的缘由要与演说主题相关。要抛出一个与演说主题相关的问题，并提供解决方法。告诉听众这个问题的起因、经过和结果。最重要的是，还要讲讲该问题是如何顺利解决的。如此，听众才能记住成功案例，并从积极的角度看待你的演说，认为你的演说能产生正面影响，能为他们提供解决问题的办法。

（4）用感情把故事串起来。对演说主题饱含深情，讲起来才能娓娓道来，热血沸腾；如果没有，也不要灰心，还可以从不同的领域选取有趣的逸事见闻，找到其与演说主题的联系，以此为突破口，让平淡无奇的演说主题变得生动和丰富。

（5）选取的故事历久弥新。一言以蔽之，只有与听众产生情感共鸣的演说，才能让他们铭刻在心。你的故事就像他们的过去，听众就是你的朋友和邻居，大家生活在同一个世界里，故事里会有很多交集，试着讲讲他们的故事，同样能打动人心。

（6）用精选的图片或表格深化你的故事。一张精选图，远比口若悬河让人印象深刻，因此要用图片深化你的主题。展示幻灯片时，在一张幻灯片上只放一张图，不加文字；也可以引用警句名言或插播一些动画。

（7）在生活中寻找故事灵感，最好是人们熟悉的生活场景。仅读演说稿或陈述事实，在听众那里，你的声音就像复读机一样无趣。最好的办法是，与听众产生共鸣，从真实的生活片段里选材。

（8）适当的比较。将现在与以后、过去与未来、问题与方法等对比，听众更容易地接受你的演说。突出这些对比，就能清晰地呈现出事态的发展，以更简洁明了的方式将故事中蕴含的道理讲出来。

停顿，也是提高演说力的良方

演说中，不能没有停顿，就像一首优美的乐曲不能没有停顿一样。

乐曲的音符之间没有停顿，旋律就不会悦耳动听；演说的语音之间没有停顿，节奏也不会打动人心。

演说中，停顿是奇妙的“休止符”，演说者恰当地运用它，会使自己的演说更精彩。

演说中的停顿，无论是逻辑性停顿，还是情感性停顿，其实都是指演说者在词语、语句或语段之间凭感觉而刻意保留的一定时间的沉默。借助它，演说才能产生“此时无声胜有声”的现场效应。

所谓停顿，就是在演说中，词语之间、句子之间、层次之间、段落之间在声音上的间断。演说时，不注意语音停顿，是无法声情并茂地表达感情的；若停顿不当，还会造成表意的错误。

停顿是演说成功的第一大要素，恰当地处理演说中的停顿，不仅能正确表达演说者的意图，还能增强语言表现力和精确性。

演说中，经常使用的停顿，主要有以下几类：

（1）语法停顿。通常，句号、问号、感叹号等停顿时间都稍长；逗号、顿号等停顿时间短。句与句之间的停顿长一些，段与段之间的停顿更长。成分复杂的长句，在主语之后通常都会略作停顿。例如，“难道他们，不想将母亲，从敌人手里救出来，把母亲也装扮起来，成为世界上一个最出色、最美丽、最令人尊敬的母亲吗？”

（2）回味停顿。在句尾或段末所做的特意停顿，就是回味停顿，可以给听众留下思考和体会的余地。例如，“朋友，如果让你选择一个自己最喜欢的词，你会选择哪一个？您可能会选择‘幸福’，也可能会选择‘生活’或‘爱’……但是，如果让我来选择，那我一定会选择‘责任’。”

（3）逻辑停顿。为了显示语义，突出停顿前后词语，而不受标点约束的停顿，就是逻辑停顿。例如，“我们不怕死，我们都有牺牲精神。我们随时都能像李先生一样，前脚跨出大门，后脚就不准备再跨进大门。”

（4）感情停顿。这是依据演说者的心理和情绪所做的一种特别停顿，有意识地、突然地做停顿处理，可以渲染某种思想情绪。例如，请允许我们再道一声："辛苦了，实习老师，祝你们一路顺风。"

总之，停顿是演说中必不可少的技巧和方法。尤其是初学演说者，掌握好停顿的方法，就能取得良好的控场效果，让你的演说得到更多听众的赞赏。

在演说中，适时运用"停顿"，可以起到以下作用：

（1）阻截废话。许多演说者都喜欢说口头禅，例如，"这就是说""然后""所以说"……，或者习惯性的语气词，例如，"嗯""呢""吧"……，或者反复使用一个有承接作用的句子，例如，"接下来给大家展示的是……""接下来，我要讲述的是……"这种小细节不仅会影响演说的精彩程度，还会分散听众的注意力，继而产生滑稽的效果。要想改变这种状况，可以试着使用停顿。一旦发觉自己的口头禅脱口而出，就要立刻用短暂的停顿把这种冲动压下去。

（2）增强感染力。如果想传达一种情绪、营造一种特定的气氛，除了控制你的表情、语气和语调的变化，还有一个办法，就是停顿。试着带有感情，一气呵成、不刻意停顿地说出这段话："我极度地灰心、沮丧。我明白，每天都有很多人创业，也都有人失败，但我就是无法忍受自己被归入失败者的行列。我从未像那时一样感到无力，但幸运的是，在我最困难的时间里，John 伸手拉了我一把。他是我的贵人，谢谢。"

（3）引发思考。成功的演说都离不开互动。这种互动不是指演说者和听众之间的直接交谈，而是思想的交流和碰撞。例如："我和团队充分相信，这套营销方案能够为处于新品上市期的 A 企业快速打开销售局面。为什么我们能有如此的信心？这主要是基于以下三大优势……"相信，抛出问题后停顿几秒，沉默地与提案对象对视，然后再给出答案，对方就会更加用心地倾听，更好地吸收你接下来要讲述的内容。

用幽默营造轻松的演说氛围

很多人都听过一些枯燥无聊、让人无精打采的演说，这些演说内容索然无味，只能让听众感到痛苦，听众也会对这种演说避之不及。再加上现代人生活节奏快、压力大，人们的神经处于紧张状态，任何人都不喜欢严肃的演说主题，主题太专业、太严肃，听众就会觉得乏味，是不会专心听下去的。

幽默的演说不仅能被听众接受或喜爱，还能使听众紧绷的神经放松下来，使听众对演说产生好感。经验告诉我们，资深的演说高手善用幽默。在演说过程中，他们会在恰当的时候用幽默的故事、夸张的动作或语言来表述演说内容，使听众记住演说者，更记住演说内容。同时，在演说中运用幽默也能化解尴尬，扭转局面，给听众留下深刻的印象。

有一次，林语堂应邀到美国哥伦比亚大学讲授中国文化。在课堂上，他对中国文化赞赏有加。

一位女学生非常不服气地问："林博士，按照你的说法，什么东西都是你们中国的好，难道我们美国就没有一样东西可以和中国相比吗？"

这个问题很难回答，如果林语堂反过来赞扬美国，是不利于演说主题的表达的；严肃地表示美国不如中国，更会引起在座学生的不满。于是，林语堂故作轻松地回答："有，你们美国的抽水马桶就比中国的好很多。"

台下立刻响起了大笑声。女学生对这一回答没有任何异议，课堂气氛也变得活跃起来。

幽默中，包含着令人愉快、深受启迪的智慧，能增加演说的说服力和感染力，使演说内容更加引人入胜。因此，演说者要想用演说深深地吸引并感染听众，就要学会运用幽默。既可以是一两句幽默之言，也可以是一个或多个幽默故事，阐释自己的观点，意味无穷。

一位知名学者应邀回母校做演说。为了吸引学生听讲的兴趣，他用幽默的语言讲述了一段自己在大学读书时追女孩的经历：

“在我们那个年代，大学不像你们现在这么丰富多彩。那时候我们除了追女孩，没有其他事情可做。上大学的我平凡得不能再平凡，那时候什么都没有。长成我这样的，在本班根本就没有立足之地，我只能发展其他班级的战场。我相中了一个女生，据说还是 50 名校花之一。不要小瞧，50 名校花之一可了不得，当时我们学校一共有 156 名女生。

“那时我是弱势群体，我什么都做不了，最后想出了一件自己能做的事：写信。在写给她的第一封信中，我写了自己的身高、体重、家庭住址、父母的工作、家有几个兄弟。简直就是一份简历，没办法，那时的我什么都没有，只能给她投简历。结果，她没理我。然后，我就开始写第二封信。为了展现自己的才华，我介绍了一下国内国际经济形势，告诉她我未来会怎么做。结果，依然没有回音。之后，我写了第三封，说我知道你不喜欢我，我不要求你做什么，我只要求你让我默默地喜欢你就好了。

“那时的女生很单纯。连续收到我的三封信后，她就感动了。她给我回了信。我就约她看电影、散步，并立刻向她求婚：‘要不你嫁给我吧？’她惊讶地问：‘你是认真的？’我说：‘是。’她说：‘好，我嫁给你。’就这样，第一次约会她就答应嫁给我了。之后，我们一起走过了二十多个春秋。”

听到这些，台下响起了同学们热烈而持久的掌声。

为了吸引学生的注意力，演说者紧密结合学生关注的话题，校花、谈恋爱、写情书、约会等，讲述了自己的追爱故事，不断展开，层层递进，最终以完美结局收官。既激起了学生的好奇心，也满足了学生对美好爱情的渴望。再加上演说者幽默诙谐的语言，自然容易受到学生的欢迎。

有的人可能天生自带幽默细胞，只要一站在台上，做一个动作，一张嘴说话，听众就会被他的幽默感和语调吸引，例如黄西、憨豆先生、吉米法伦。对于幽默高手来说，在他们的演说中，从来都不缺乏幽默的内容，他们会将妙不可言的故事穿插在演说中，牵动听众的心弦。但是，多数演说者并不具备这个优势，需要学习一定的语言技巧。

（1）极端反差。讲述一个故事的时候，为了不让故事显得过于平淡，可以使用两句反差明显的话，如此听众原有的逻辑轨迹会立刻扭转，一前一后的逻辑反差就能形成一种幽默效果。以苹果创始人乔布斯为例，乔布斯说："我 20 岁创办苹果公司，刚发布了史上最棒的产品。我刚满 30 岁，却被自己的公司炒了鱿鱼，怎么会有人被自己创办的公司炒鱿鱼呢？"这就形成了很好的反差效果。

（2）自我嘲讽。幽默最常用、最保险的方法就是自嘲，合适的自我消遣，非但不会被听众看轻，反而会给人一种雍容文雅的感觉。例如，乔布斯在斯坦福大学毕业典礼上的演说是这样开场的："这可能是我人生中离大学毕业最近的一天。"自嘲自己大学没有毕业，收到了很好的暖场效果。

（3）双关幽默。双关是幽默最常用的一种修辞格。双关分两种，一种是谐音，一种是谐义。所谓谐音，就是利用词语的同音或近音构成双重意义；而谐义则是在一句话中可能包含两种不同的意思，使表面意义和实际意义造成交叉。

（4）借用夸张法。为了使描述的事物更加活灵活现，可以用夸张的方法来辅助，如此不仅能让听众更容易理解你的观点，也能让他们得到片刻的放松。幽默一些，听众就不会对你所表达的观点产生排斥，有利于观点的传达。

（5）开上级玩笑。在不太正式的演说中，可以开自己上级、领导或组织的玩笑。例如，美国总统经常被主持人拿来开玩笑，反而迅速拉近了他和听众之间的心理距离，增加了认同感。

使用幽默语言，需要注意以下几点：

（1）不要谈及带有女性、宗教、政治、种族和性爱等的话题，否则会引起大家的反感和不愉快，如果无法确定自己要使用的幽默会不会冒犯他人，宁可不用。

（2）自己不要发笑。讲笑话时要放慢语速，留给听众足够的时间来回味。匆忙打断笑话，会让你的努力付之东流。

（3）与演说的主题相关。不要随意插入与演说内容不相关的幽默，要使幽默的内容成为你要表达信息的一部分。

第十章　控场：多方联动，做会场的主导者

视线眼神，是控制会场的好方法

人的眼睛是最重要的演说工具。演说时，看不到听众的眼睛，就容易对他们产生不信任的感觉。

通过他人的眼睛以及眼部周围肌肉的微小变动，就能获得大量信息。与听众进行“眼神接触”，能快速地将眼睛从听众身上移开。

从生物学的角度来讲，我们不适合同时对多人讲话，甚至不能同时与两只眼睛对视。下次，和某人位置很近且跟他讲话时，可以试试是否如此。你会发现，必须将关注点从一只眼睛转移到另一只眼睛。因此，如果台下坐着数百听众，最好一次只对一个人讲话，不要扫视，更不能进行“眼神接触”，建议进行“联结的对话”。

眼神是眼睛的神态，是一种非常关键的态势语言。眼睛的神色变化可以传达出许多具体、复杂甚至无法言喻的思想感情，具有重要的表情、表意和控场作用。

有经验的演说者，通常能恰到好处地运用自己的眼神去表达变幻莫测的思想感情，调整演说和现场氛围，对听众造成影响，收到最佳的演说效果；反之，不成熟的演说者，只要一站在台上，就会将自己的眼睛“藏”起来，

不是低头看自己的讲稿、地板，就是抬头看天花板，转头看会场的外面。他们不敢正视听众，即使将眼神固定在听众身上，两眼也是迷茫的，使得演说成功的概率大幅降低。

演说时，如果演说者不停地往上看，听众就知道他在思考，一定是没有准备好，思路不清楚或在现场创造。

演说时，如果演说者不停地往下看，听众会认为他不够自信，对自己讲的内容也不确定，听众就会对他的演说失望，继而怀疑他讲的话。

演说时，如果演说者蜻蜓点水似的扫视听众，听众会认为他不够真诚，不能走进他们的内心世界，也不会相信他的演说内容。

演说时，如果演说者不停地眨眼，听众就会认为他的演说不够确定，进而对他的演说内容产生怀疑。

演说时，如果演说者只和一个人交流，其他人就会产生不被重视的感觉，也会让交流的对象感到疲惫。

那么，究竟什么样的眼神交流比较到位呢？每次的眼神交流要坚定，持续 3 秒钟。如果觉得 3 秒钟太刻意，也可以坚定地看着听众，直到看到他们有反应为止，然后随机换下一位眼神交流对象。

如果只有几十位听众，眼神至少和每个人都交流一遍；如果听众有 100 位以上，要主动跟前排听众进行眼神交流，因为他们离你最近。当然，也要照顾好最后一排，因为你的气场对他们的影响最小。

演说中，眼神必须坚定，因为坚定才有穿透力。

1. 眼神使用的基本原则

（1）有节制。环顾或专注时，要把握好一个度。“环顾”不是不断地变换眼睛的瞄准点，让眼睛转个不停，而是有意识、有节制地流转；否则，不但无法照顾全场，无法集中听众的注意力，还会适得其反。当然，专注也要有限度，且一般只做短暂的停留，演说者只把眼神固定在一个点上，他就会忽视多数听众，多数听众也不能从他的眼睛里去理解他的思想与感情。

（2）有目的。要自觉赋予眼神一定的内容，明确使用的目的。眼神本身带有一定的感情色彩，必须有意识地使用它。要给听众一种热情、诚恳、坦白、亲切的光芒，不要使用轻蔑、冷淡、虚伪或盛气凌人的光芒。

（3）要协调。眼睛的活动不但要和面部表情协调一致，还要同有声语言和态势密切配合，才能收到更好的交流效果。因为协调一致，才容易被听众理解，才能有效地把眼神变化烘托出来。

2. 使用眼神的方法

（1）点视法。即把目光集中投向某一角落、某一部分，或个别听众，并配合某种手势或表情。这是一种最有效、最有内涵的眉目语言。例如，看到听众面带微笑，频频点头，甚至不由自主地鼓掌喝彩，演说者投去一丝亲切的目光，有“赞许、感谢”的意义；看到听众轻轻摇头，甚至在嘀咕着什么，演说者做了某种调整以后，再盯着看一眼，表达“征询、探讨”的意思；如果会场的某一角落、某一部分听众发出议论声，甚至引发骚动，演说者应立刻将目光投过去，表示“调整和制止”。

（2）环视法。即演说者有意识地环顾全场的每个听众，从左到右，从前到后，从听众的各种神态中了解和掌握现场的情况与情绪。这种方法既使用在演说的开头，也不断地作用于演说过程中。演说者走上讲台，站定之后，立即环视全场，作用有三：一，向听众打招呼，表达对听众的尊重；二，体验听众情绪和现场情况，便于把握演说的方式与重点；三，帮助静场，让闹哄哄的台下安静下来。

（3）虚视法。即虚眼。演说者的目光在全场不断扫视，如同看着每个听众的面孔，实际上谁也没看，只是在和听众交流，让听众不再感觉受到冷落。眼睛是心灵的窗口，透过眼神，听众能窥见演说者的内心世界，可以看到演说者的紧张、喜悦、恐惧、兴奋、热情、冷漠、激情、自信等情态……不断练习，自然真诚地与大家进行眼神交流，不仅会让演说者更加自信，也会让演说更加精彩。

肢体动作，是另一种语言

演说中善用肢体语言，可以增强说服力，提高个人魅力，让你的演说充满感染力。

肢体语言又称身体语言，是指通过头、眼、颈、手、肘、臂、身、胯、足等人体部位的协调活动，来传达演说者的思想，借以表达情感和思想。

不同的肢体语言具有不同的含义，例如，演说者上身前倾，表示“谦恭、热情”；讲到高潮时的一个挥手、握拳等手势，代表“力量和鼓励”等。这些肢体动作都能加强语气，加深情感的渲染。

具体来说，肢体语言有五种功能：其一，表露功能，可以传达出口语无法表达的信息。其二，替代功能，可以替代口语，直接与听众进行交流和沟通。其三，辅助功能，可以辅助口语，使人“言行一致”，强化思想，表达得更清楚、更深刻。其四，适应功能，可以适应本人的心理和生理需要。其五，调节功能，可以发出暗示，调节演说者与听众之间的关系，引导听众作出积极反应。

演说者要想更好地传情达意，获得演说的成功，不仅要具有深厚的文化底蕴、良好的心理素质和标准的普通话水平，还要辅以适当的肢体语言。

有一个有趣的心理学公式：一条信息的表达 =7% 的语言 +38% 的声音 +55%

的肢体动作。由该公式可知，人们获得的多数信息都来自视觉印象，而55%的视觉信息都来自肢体语言。就连美国心理学家艾德华·霍尔曾也异常肯定地说："无声语言所代表的意义，比有声语言多很多。"

肢体语言具有独特的有形性、可视性和直接性，对于演说者，具有无法估量的特殊价值。那么，如何才能获得良好的肢体语言表达能力呢？答案就是，进行专业训练，逐渐提高和加强。

1. 面部表情及训练方法

演说中，演说者面部表情发挥着重要作用。在多数演说场合，演说者出入场都保持微笑，不仅能增强自信心，还能缓解自身的紧张情绪，同时提高亲和力，提高听众缘。

微笑的训练可以从面呈"王"字开始：展开眉头，眼角向两边拉一横，腮向两边拉一横，嘴角向两边拉一横，鼻子是一竖，然后将脸部肌肉放松。当然，微笑要发自内心。训练时，要多想想发生在自己身上的乐事，或配上优美的乐曲，还可以用嘴咬一根筷子，眼睛盯着一个点，尽量不要动，坚持1分钟。通过一段时间的训练，面部表情就会变得自然起来。

2. 站姿及训练方法

常言说得好："坐如钟，站如松。"就是说，站立要像松树那样端正挺拔。

站姿，是一种静力造型，可以显示出一种静态美。站姿是训练其他优美体态的基础，也是表现不同姿态美的起始点。规范的站姿要求是：将头摆正，两眼平视前方，将嘴微闭，收颌梗颈，表情自然，稍带微笑；两肩放平，放松并稍稍向后下沉；两臂自然下垂，中指对准裤缝；挺胸收腹正腰，臀部向内向上收紧；两腿立直贴紧，两脚跟靠拢，脚尖向外，保持60°夹角。

从侧面看，良好的站姿应该是后脑勺、肩、臀部、后脚跟等保持在同一条直线。未经过形体训练的人，很可能出现颈部前伸、驼背、胸部不挺括、塌腰挺肚、耸肩等问题；只有不断训练，才能从脊柱上进行调整，纠正这些问题。

3. 手势及训练方法

在演说中，手势是必不可少的动作，是最有表现力的体态语言，既可以加重语气，也可以增加感染力。

做手势的同时，还要配合眼神、表情和其他姿态，尤其要配合演说内容，进行特别设计，并反复训练，才能使动作显得自然、流畅和大方。

加重语气时，可以将四指并拢，将拇指自然分开，掌心向左，手腕伸直，使手与小臂保持在同一条直线，肘关节自然弯曲，大小臂弯曲成 45° 左右。

抒发感情时，可以单手应用，也可以双手应用。将四指并拢，让拇指自然分开，掌心向外（或向内），手腕向上，使手与小臂保持 140°，肘关节自然弯曲；由身体中心向两侧打开，朝一方向指，眼睛也朝指向的方向看。

握拳。代表了“力量”，可以用力地将五指握紧，将大小臂自然弯曲成 45°。

鼓掌。表示“喝彩或欢迎”，具体方法是：用右手轻击左手掌，掌心向上。

双手相握。将两手五指自然相握，放在胸前或腹前。

4. 提高肢体的协调性

有的人肢体协调性较好，一挥手，动作就干净利落；有的人做起来则显得很僵硬，其实只要做一些芭蕾基本手位的训练或简单的舞蹈动作，就能提高动作的协调性。为了提高动作的协调性，可以在业余时间进行一些舞蹈、体育锻炼等。

（1）站着、坐着不动。如果演说者一直站着不动，从头到尾都站在同一个地方，至少说明你很死板、紧张、沉闷、没有魅力和活力。这时候，就要激活你的身体，而不是幻灯片，离开原地走动走动。多数演说者都认为他们需要笔直地站在一个地方，但很少有人知道，移动不仅能被听众接受，还大受欢迎。在一些重要的商业活动中，演说者会走到听众中，不停地走动，其实他们并不是漫无目的。例如，充满活力的演说者会从房间的一侧走到另一侧，传递他们的信息。他会指向幻灯片，把手放在别人的肩膀上，不会与听众保持距离。

（2）坐立不安，摇摆或晃动。坐立不安或来回摇摆，都说明你感到紧张、不确定或惊慌失措。有家电脑公司的高级业务主管向主要投资者介绍新产品，结果却没有成功。原因何在？这个项目确实是由该团队完成的，但他的身体语言却给了投资者其他暗示。做简报时，他前后摇晃，投资者觉得他缺少能力与控制力。意识到这个问题后，他通过学习，有意识地移动，最终避免了职业生涯的失败。

（3）没精打采，后仰或驼背。演说时，如果演说者显得没精打采，后仰或驼背，听众就会对你缺乏投入或兴趣，还会对你失去信心。为了消除听众的不信任，你要抬头挺胸。站立时，脚与肩保持同宽，身体稍向前倾，这样看起来，你会显得很感兴趣、更投入、更有热情；肩膀略向前，显得你更有男子气概；头与身体要保持直立，不要靠在桌子或讲台上。

（4）把手放在口袋中或手指纠缠。把手收敛地放在身体两侧或塞在口袋里，听众就会觉得你提不起兴趣，不想参与或感到紧张，不论你是或不是。要想解决这个问题，你可以这样做：将手从口袋里拿出来，做些有决心的、果断的手势；将两手放在高于腰部的位置。这个手势异常复杂，不仅体现了复杂的思想，还会让听众对演说者提高信心。

（5）与听众之间有阻碍。如果你和听众之间存在其他物体，就会阻碍你们之间的直接交流，例如，双手交叉、站在讲台或椅子后、从屏幕后和别人交谈，都会阻碍真正的交流。即使只是一个放在桌上的文件夹，也可能阻碍交流。要想解决这个问题，就要保持“开放”的姿态，将你的手打开、手掌向上，努力消除你和听众之间的壁垒。

（6）逃避眼神接触。演说中，你是盯着一旁、脚下或前面的桌子，还是从未看过听众肩膀以上的部位……这些都说明你缺乏自信，感到紧张，准备不足。这时候，你可以用 80%~90% 的时间看着听众的眼睛。优秀的演讲者在传递信息时，都会直接看着听众的眼睛。

（7）虚假的动作。演说时，虚假动作突然出现，说明你准备过度，不自然和做作。演说中虽然可以使用手势，但不能过度。研究表明，手势反映了复杂的思想，听众能从手势中察觉到你的信心、能力与控制力，可是一旦你试图模仿一个手势，就可能被认为做作，犹如一个三流的政客。

（8）令人讨厌的小动作。演说中，很多演说者都会做一些令人讨厌的小动作。例如，一位作家写了一本关于领导力的书，朋友去看他。在整个谈话过程中，他都在不停地玩口袋里的硬币。结果当天不但没有卖掉很多书，领导力也没有得到高分。此外，如果对方总是不停地跺脚、摸脸或抖脚，就说明他本人很紧张。明白了自己的行为，就要去努力改正。

有活力、有感染力的肢体语言能够帮助你提高演说的表现力，不管是在面试中，还是在升职或担任高管的过程中。所以，你只要不断改进肢体语言，影响力就能立刻飙升。

和听众互动，让听众参与进来

演说是一种沟通，沟通是一种互动，没有互动就没有心动，没有心动就没有共鸣。

人们的注意力只能保持十几分钟，如果演说时间过长，注意力就会分散、不集中。所以，在演说中，演说者要努力创造高潮状态，抓住听众的心。而要想做到这一点，最好的方法就是互动。

演说到中途，台下噪声四起，特别是女性还交头接耳，演说者眉头一皱计上心来，立刻停止演说，翘起左手大拇指说："在场的男士们，就像大拇指——好样的。"男士们听了齐声叫"好"。

然后，演说者又伸出小拇指，大声说："在场的女士们，就像小拇指……"女士们沸腾了，大声抗议。演说者接着说："女士们像小拇指，小巧，伶俐，苗条，秀美，聪慧……"女士们听了，转怒为喜，报以热烈的掌声。

接着，演说者又举起大拇指，说："男士们像大拇指，健壮有力，坚定稳重，可以独当一面。"男士们又开始抚掌大笑。然后，演说者同时伸出大小拇指说："大拇指和小拇指，都是好样的。"

后来，他伸出五根指头说："中间的指头，就像老人和孩子，居于中心位置，是保护对象。正是这五根指头团结一致，协调配合，力量无穷，才创造了整个世界。"大家都热烈鼓掌。

最后，他高翘起大小拇指问："哪位女士愿意做大拇指，哪位男士想当小拇指？”台下一阵沉默。

演说者开始滔滔不绝地演说。

案例中，看到听众注意力分散，演说者相机而动，临场发挥，巧妙地运用手势和动作来制造悬念，激起了听众的喜怒情绪，然后急转直下，分别作出有利于男女听众的解说，使大家转怒为喜，集中精力倾听他的演说。

互动能力，是衡量演说能力水平的关键。不懂互动的演说者，只会沉浸在自嗨的世界，听众观望保守，防御心极强，演说气氛尴尬，无法吸引听众，容易走神，讲了很多但听众吸收很少……只有善于互动的演说者，才能在瞬间拉近自己和听众的心理距离，调动气场氛围，被听众喜欢，持续吸引注意力，提高听众吸收效率，营造其乐融融的现场气氛……

演说时，如果能让听众参与其中，台上台下互动，形成上下呼应的局面，演说效果多半会不错。那么，如何营造一场富有参与感的演说呢？下面就给大家介绍几种互动方式。

1. 双方呼应

有位演说者一上场，就给听众讲了一个故事：

《圣经》中有个小故事：一位富商将要远游，临行前分别给了三个仆人同样数量的钱，让他们任意支配，一年后归还。第一个仆人用这笔钱做生意，结果折戟沉沙；第二个仆人也做生意，经过努力，赚了数倍的钱；第三个仆人把钱珍藏起来，分文未动。一年后主人回来，让三人说了自己的经历，最终给第一个仆人补足同量的钱，嘱咐他以后经商精明些；对第二个仆人大加赞赏，奖给他更多的钱去扩大生意；他对第三个仆人予以叱骂，说他太懒惰，然后立刻收回了本钱。

故事讲完之后，演说者问听众："主人这样做公平吗？"

听众议论纷纷，有人说"公平"，有人说"不公平"。

演说者没有立刻表态，接着说："在这里，我先不评论主人是否公平，最后再下结论。如果我的观点不当，欢迎你们唱反调；哪句话说得不当，你们也能跟我唱对台戏。"

大家齐声说"好"。然后，他亮出了自己的论题《公平竞争，优胜劣汰》，放言高论，还通过提问的方式实现了台上台下互动，大家都听得非常认真。

演说结束时，他肯定了故事主人做法的高明之处。最后，掌声雷动。

仔细研究我们会发现，这位演说者共有四点高明之处：

（1）以故事开场，能激发听众的兴趣，可以让听众将注意力集中到演说内容上；

（2）故事讲完接着提问题，让听众讨论，引起听众参与的兴趣；

（3）欢迎听众"唱反调"，有意让听众"唱对台戏"，激活了听众的思想，时刻跟上演说的思路，听众也会加倍认真倾听；

（4）随时上问下答，遥相呼应，引起"呼应式"互动。

演说结束，经过这番互动，不仅让听众认真听完了他的演说，还接受了他的观点。

2. 彼此模仿

演说者以共同游戏的方式和听众模仿互动，既能激发听众的好奇心，又能巧妙地增强听众的参与意识，还可以集中听众的注意力。同时，听众全神贯注地参与互动活动，当演说者亮出与互动相关的主题时，前面的互动与后面的主题遥相呼应，听众自然会对后面的演说产生更大的兴趣，更加认真地倾听。

有位演说者走上台，问：“朋友们，下面我们一起来做个游戏，好不好？”听众兴趣陡增。

然后，他指导听众操作：“请将左右手腕到手掌边缘的横纹相叠对齐，然后左右手掌重合，再看看右手比左手的中指是否长一点儿？”他一边指导听众操作，一边做示范。结果大家发现，右手果然比左手中指要长点。如此，更加激发了听众的好奇心。

演说者接着说：“刚才这个游戏是一位气功大师的表演。他先拿腔作势地向听众发气，然后指导听众做刚才的游戏，结果听众发现，自己的右手指长了一点。气功大师说是他发功的结果，大家坚信不疑，我也被愚弄了。朋友们，我可没有愚弄大家的意思啊！”

听众大笑，演说者进入正题：“我今天演说的题目是《相信科学，不受愚弄》。”然后，逐渐入题，演说取得了不错的效果。

3. 互相融入

在双方互动的过程中，不仅可以完成知识的传递，还能完成知识的使用，一举多得。

在演说过程中，一位演说者每隔一段时间就会停下来，邀请听众分享他们的问题和看法，并选择最有针对性的问题给予解答。此外，他还裁切了不同颜色的纸片分发给听众。

在演说中，他会根据所讲的内容向听众提问，然后给出几个答案，每个答案针对一个颜色的纸片，听众使用这些彩色纸片来举手答题。

案例中，依据演说内容向听众提问，演说者将演说裁切成了不同颜色的纸片，有利于听众集中注意力；同时，他通过提问了解听众对于演说内容的理解程度，及时调整和修正演说内容。

为演说造势，用氛围留人

演说是一门独特的艺术，优秀的演说通常具有一种气势美，能够鼓舞人心，令听众容光焕发。因此，在演说中，演说者要根据主题的需要采取艺术手段，营造出一种既切合演说主题又适应特定氛围的气势。如此，不仅能把听众带入演说独特的艺术境界中，还能把演说推向高潮，使演说产生一种强大的感召力和鼓动性。

为了达到这个目的，演说者需要掌握一些“造势”技巧：

1. 先抑后扬

在演说中，为了造势，有些演说者会运用欲扬先抑的方法。如此，不仅可以在表情达意上形成一种反差，营造一种气势；还能使演说变得曲折离奇，多姿多彩，富有动感，引人入胜。

美国一位女官员曾对某学院的全体学生发表过这样一段演说：

“我的生母是个哑巴，无法说话，我不知道自己的父亲是谁，也不知道他是否还在人间。我这辈子找到的第一份工作，是到棉花田去做事。如果情况不如意，我们总可以想办法加以改变。一个人的未来怎么样，不是因为运气，不是因为环境，也不是因为生下来的状况，要想改变眼前充满不幸或无法尽如人意的情况，就要回答这个简单的问题：‘我希望情况变成什么样？’

然后全身心投入，采取行动，朝理想目标前进……我叫阿济·泰勒·摩尔顿，今天我是以美国财政部长的身份站在这里。”

在演说一开始，女官员极力渲染了本人过去逆境的不堪，这是抑；接着，演说者展示了今天的辉煌成绩，这是扬。在整个过程中，演说者就是通过欲扬先抑的“造势”技巧，在听众心中激起波澜，使听众对演说者的“简单问题”产生了浓厚兴趣。

2. 铺陈渲染

为了阐述自己对某种事物、事件的深刻见解，演说者完全可以根据演说主题的需要，从各个角度、各个侧面对该事物或事件进行铺陈渲染，把听众的思绪引入特定的演说氛围中。然后，将自己的思想观点阐述出来，对听众进行宣传鼓动，水到渠成地完成演说。下面有这样一段演说词：

美丽的西部，不仅有“天苍苍，野茫茫，风吹草低见牛羊”的美景，还有“黄河之水天上来，奔流到海不复回”的奇观。而现在，母亲河年年断流，大西北黄沙漫天。

西部，她曾有过满园春色，丝绸之路，驼铃声声脆，商人交易欢；天府之国，物阜民丰足，富饶甲天下。而现在，西部还有很多人在同贫困抗争的道路上艰苦跋涉。

多少年来，贫困和西部如影相随，挥之不去。西部，几乎成了“贫困”的代名词。西部啊西部，你何时才能繁荣富庶?

在这里，演说者对西部地区过去悠久的文明、壮美的风光、丰富的物产与今日的贫瘠、凄凉的情景进行了对比，激起了听众强烈的时代使命感。在特定的氛围中，演说者尖锐地提出了自己的问题：“西部啊西部，你何时才能繁荣富庶？”“西部大开发”的演说主题跃然纸上。

3. 设置悬念

在演说中，先设置悬念“卖关子”，再揭开谜底“解扣子”，会营造出一种雅致迷人、引人入胜的演说气势，使演说收到更好的效果。有这样一段演说词：

世界上有一种东西：它能使你在无边无际的戈壁沙漠中看见希望的绿洲；能使你在千年不化的冰山雪岭中领略温暖的春意；能使你在雾海苍茫的人生旅途中拨正偏离的航向；能使你在荒凉凄冷的孤寂心里收获快乐的果实……它是无形的，却有着巨大而有形的力量；它是无声的，却鸣着春雷一般的回响。

也许有人会问：究竟是什么这么伟大？这么神奇？我要说，它就是——爱，是人类对美好生活、对同胞的真诚的爱。

在这里，演说者较好地运用了“卖关解扣”的造势技巧，为演说主题营造出一种生动诱人、充满神奇色彩的氛围，将听众引入了演说的艺术境界。

4. 语义转折，形成落差

在演说中，运用语义转折的方法，就能造成一种内容和情感上的落差，使演说形成飞流直下的气吞长虹，产生动人心弦、感人肺腑的艺术魅力。有这样一段精彩的演说词：

什么人伟大？上至古帝尧舜，下至近豪鲁迅、孙文，外国的马克思、居里夫人，中国的毛泽东、钱学森，这些人没有人说他们不伟大。是的，他们都是人类的精华、历史的骄子、亘古的伟人。可是今天，我要在这里大喊：我们——也是伟人。伟大与平凡只有一步之遥，真正的平凡也是一种伟大。

在这段话中，“可是，今天……”运用了语义的转折。这种方法可以让前面的含蓄与后面的坦诚表白产生强烈的震撼效果，达到揭示演说主题的目的，引起听众的共鸣。

第十一章　脱稿：扔掉稿件才能畅所欲言

自由发挥，演说更激情澎湃

2020 年 9 月 12 日上午，在创新港涵英楼南广场举行了“西安交通大学 2020 级研究生开学典礼”，8000 多名来自五湖四海的新生齐聚一堂，为创新港注入了新的活力。

在开学典礼上，西安交通大学校长王树国的演说，风趣幽默，出口成章，全程脱稿，中气十足，开口第一句就引起一片掌声和大笑。现节选部分内容供大家学习。

尊敬的各位来宾、老师，亲爱的同学们：

大家早上好。

再次看到这么多年轻的面庞，我感到非常高兴和激动。刚才的研究生新生代表来自北京大学，前几年也有本科毕业于清华大学的代表发言，这是一个非常好的现象，这代表着多所高校、不同文化之间的交流融合，是一个国家大学建设的良好趋势。每所大学都有自己的历史和独特文化，我们应该珍惜自己的文化，更应该促进不同文化的交叉融合。

刚才代表教师发言的郗教授，他很年轻，很长一段时间都在默默无闻地进行基础数学研究。他深爱自己的研究领域，主动进取，勤奋耕耘，已经在国际期刊上刊发了长达65页的学术论文，在国际数学界引起了很大的反响。

郗教授为什么能坚持下来？因为他心中有梦想、有追求。交大是一个追逐梦想的地方，一个文化传承的地方，一个有灵魂的地方。

第一，要做一个有灵魂的人。习近平总书记多次强调，一个国家、一个民族不能没有灵魂。所谓灵魂，就是家国情怀。今年4月，习近平总书记来我校视察，明确指出这一点，他说西迁精神的核心是爱国主义，精髓是听党指挥跟党走，与党和国家、与民族和人民同呼吸、共命运。不爱国家和民族的人，注定会被时代所抛弃。年轻人是社会的未来，是国家和民族的希望，一定不能丢掉灵魂，要做一个有家国情怀的人。我们都是国家民族的一分子，我们有责任、有义务为国家民族未来的兴旺作出贡献……

第二，要做一个走在时代前面的人。我们很幸运，赶上了一个伟大的时代。习近平总书记说，当今世界正处于百年未有之大变局。第四次工业革命的到来，将深刻地影响和改变着世界。这是一个全方位、多领域的影响，社会各方面都会受到新技术革命的冲击，将改变人类社会未来的发展形态。技术在进步，思想在进步，人类社会每时每刻都在发生着改变，节奏之快超出我们的想象……作为参与者、奉献者，我们要走在时代的前面、世界的前面，贡献出我们的聪明才智，推动社会向正确的方向前进。

第三，要做一个主动融入社会的人。昨天，习近平总书记在与科技工作者座谈会上提出了“四个面向”，面向世界科技前沿、面向经济主战场、面向国家重大需求、面向人民生命健康。不深入了解，就不会有切身感受，只有深入了解社会，才能发现社会充满了激发你灵感的需求……

最后，我想对国际学生说：非常高兴你们成为西安交通大学的一员，人类永恒不变的价值所在是爱，我们都需要向社会奉献我们的爱。古城西安是五千年中华民族文明的缩影，你们要把祖国文化带到这里，相互交流，争当爱的使者。来到这里，希望你们都能多学习一些汉语，交流起来更方便；我也希望中国学生多学一些外语，这也是人类文明相互交流的必然结果……

谢谢大家。

脱稿演说是演说的高级形式，要求比较高，需要演说者克服心理障碍，从容自信、清晰自然地表达出来。

要想进行一场成功的脱稿演说，提高演说效果，演说者需要遵循下面三个原则：

（1）思路异常清晰。脱稿演说很容易让人感到局促不安，思路停滞，所以，保证清晰的思路非常重要。只有思路清晰，知道演说的内容和演说顺序，才不会陷入紧张混乱的状态。思路停滞之后，可以运用一些技巧掩饰，如休息、提问、停顿等，快速厘清思路，将演说继续下去。

（2）树立职业化形象。职业化形象体现为外在形象、品德修养、专业能力、知识结构等，是演说者的名片，可以给听众留下好印象，吸引听众的注意力，得到他人的尊重；也可以增加自信，消除内心的不安，让自己更有信心。

（3）内容简洁明了。演说内容过于啰唆，是无法吸引听众注意力的，更会让听众不明所以。所以，演说内容要简明得当，条理清楚，重点突出。

脱稿演说，首先要相信自己

在演说场合，很多人都有过这样的经历：

面对众人进行演说的时候，只要踏上舞台，就好像迈进了“雷区”，你的腿，你的手，甚至你的舌头都在无法控制地颤抖。之所以这样，是因为缺乏信心，还是期望过高？要知道，诸多心理压力会影响演说的最终效果，所以，要想提高演说水平，在演说中，演说者就要解除思想负担和心理压力。

在电影《国王的演说》中讲述了这样一个故事：

英王乔治六世伯缔从五岁时便患上了严重的口吃，他没少遭人白眼：父亲对他非常严厉，哥哥总是嘲笑他，连乳娘都欺负他。可是，作为一名皇室成员，必然要经历公共演说。只要面对民众，伯缔连一句完整的话都说不出来，结果只能换来无数失望的眼神和众人的无奈。值得庆幸的是，妻子一直对他充满信心，努力为他寻找能治愈口吃的治疗师。

伯缔积极配合，可是每次都失望而归。在伯缔打算放弃的时候，妻子找到了治疗师罗格。在妻子的央求下，伯缔见到了罗格，结果第一天就闹得很不愉快。

伯缔决定以后不再见这个人，可是回到家后却发现，自己那天读的一段话非常流利。他接受了罗格的治疗。

在罗格的指引下，伯缔每天至少练习一小时，不仅要进行语言练习，还要锻炼身体机能。最让伯缔感到痛苦的是，他还需要参加小型的公众演说，要面临当众蒙羞的压力，而要想服众，就要克服自身的心理问题和语言障碍。

伯缔尊重公众对他的期待，尊重国王的尊贵职责，但这些都给他造成了巨大的压力。尽管如此，伯缔依然坚持着，因为他有着极强的责任心，他不想给皇室蒙羞。经过不断坚持，伯缔的口吃慢慢有了好转。

就在伯缔为自己的转变感到开心时，他的父亲，也就是乔治五世病逝。

弥留之际，乔治五世告诉身边的官员："伯缔比他其他儿子加起来还要勇敢。"当官员将这段话告诉伯缔后，他感到非常惊讶，这才发现原来自己在父亲心里的分量这么重，更加坚定了好好辅佐刚登基为王的哥哥爱德华的决心。

可是，爱德华根本不想当国王，他只喜欢吃喝玩乐。爱德华喜欢上了一个离过两次婚的女人，打算娶她，遭众人反对。爱德华为了爱情，选择了逊位，伯缔被迫继承王位。

面对突如其来的权位，伯缔感到不知所措。站在大厅，看着墙上挂着的前代国王画像，他一个字都说不出来。

夜深人静时，伯缔坐在宫殿的办公桌前，看着桌上一叠叠被安排的满满的演说排期，趴在桌子上哭得像个孩子，边哭边说："我不是国王，我不是国王。"可是，王位已经继承，他只能调整自己，积极面对。

值得庆幸的是，伯缔遇到了自己的伯乐——罗格。罗格告诉伯缔，必须做到三件事：

第一，刻意练习。天才是可以通过训练培养的，通过高强度的训练，使自己的大脑、身体结构发生变化，产生天赋一般的奇迹能力。因此，罗格一开始就让伯蒂锻炼身体。

第二，有目的地训练。自己使用了所有方法，想通过练习，把自己的劣势变成优势，但为什么没有成功？因为我们的训练多数是无效的，只有有目的地训练，才能获得反馈，快速进步。

第三，寻找一个能够给你布置作业和即时反馈的优秀导师。要想提高训练效果，就要通过刻意的练习，找到最优秀最杰出的导师指导自己，不断地思考别人成功的原因，然后加以训练和改进。

最终，在罗格的帮助下，伯缔出色地完成了第二次世界大战前的全国广播演讲，凝聚了国民力量，全国上下团结起来，坚定抵制了法西斯的旗帜。

伯缔之所以由严重的口吃患者变成家喻户晓的演说家，主要原因就在于他对自己充满信心，对自己的演说充满自信。

舞台或讲台不是一个表达谦虚的地方，那会减弱你的权威性和专业度。即使听众质疑你讲的内容，也要暂时忽略这些声音，直到演说结束。记住，从站上讲台的那一刻开始，你，就是最权威的存在。

演说中，听众总会忽略那些老生常谈的同质化信息，例如，普通的寒暄、教科书般的开场白；也会忽视那些微弱和谦卑的声音，例如，你为演说中的意外事件而道歉。不要总是妄想在听众面前塑造一个“完美”的自己，否则只能引起他们的厌恶。只有充满个人感情的演说，才是听众最想听的。

演说时，演说者一定要相信自己，即使感到紧张，也要通过必要的方法快速调整这一状态。

1. 打开你的肢体

演说者不习惯打开自己的肢体，总会不由自主地夹臂、低头，要么张牙舞爪，做出滚轮圈等错误的演说手势。这种呈现，会让听众觉得你放不开，更会让听众觉得你立场不够坚定、不够自信。那么，如何运用演说态势语言，使自己更有影响力呢?

（1）将场景进行肢体描述。在演说里，除了“讲”是输出，还包括“演”。演说本身都带有动作，演说者输出的肢体语言能给听众带来更强的冲击力，甚至带入所讲的场景中。

提起一个大场景，可以用手比画出大；

走出一个小场景，可以用手比画出小；

买了一个圆东西，可以用手比画一个圆形；

……

你想要说的话，都能以“演”的形式呈现出来，只要肢体有足够的表现力，就能自由发挥各种手势。

（2）上中下区打造控场力。在整个演说过程中，演说手势和态势语共分为上区、中区和下区。上区代表宣扬，中区双手或单手手势代表分享，下区手势代表拒绝或否定。标准做法是，四指并拢，虎口打开，表达每一个上中下区手势，打开你的气场，提高控场力。

2. 打开你的声音

站上舞台，首先要打开你的声音。自身的定位束缚或性别束缚，声音一般会显得比较偏小、偏柔或偏弱。如果没有训练过如何科学发声，演说者可能还会出现高飘、尖虚的声音面貌，让听众感觉不好。舞台是需要感染力的，演说者的音量要比平常大 30% 以上，才能使听众感受到你的声音。你的声音是否足够洪亮，是否足够有力量，是否足够有力度和持久表达力，都决定着演说的质量。所以，一定要提高你的嗓门，让你的声音稍大一些，使声音在舞台上更具张力。

3. 打开你的目光

很多女性演说者不敢直视听众的目光，或不太习惯和听众的目光互动。要知道，舞台越捧越热，演说者既需要听众的目光注视、聆听掌声，听众也需要演说者的注视关注。

演说中，不和他们进行目光互动，呆滞地看着同一个方向，舞台就会变成汇报的场所。将全部眼神都看天或看地，会让听众觉得演说有些初级。

无论是一对一的目光注视，还是与他人交流时的目光对视，演说者平常都要多加训练。

通常，10 个人或 30 个人左右的舞台，可以尝试扫视左前、中、右前三个方向的听众。

在百人以上的舞台，要尝试去看至少6个点位的方向，将舞台切换为6个目光视觉项区域。

当然，最好训练一下自己的表情张力，包括凝眉、眼神，以便带动听众的细节观感。

把握不好节奏，脱稿就会变成“拖”稿

升腾跌宕的节奏，清晰响亮的语音，是成功演说必须具备的特质。演说跌跌撞撞、没有任何节奏感的演说者，很难打动听众。只有懂得把握演说节奏、思路清晰的演说者，才会拥有活跃的思维。

演说的节奏能激起听众情感的波澜，演说者思想感情起伏变化、结构的疏密松散、语调朗朗上口和轻重缓急，以及演说者的言谈举止等，有秩序、有规律、有节拍的组合，形成了演说的节奏。演说者要根据会场听众的情绪，适时地用演说节奏的停顿消除听众可能产生的兴奋感。

1863年，美国葛底斯堡国家烈士公墓竣工。

落成典礼那天，国务卿埃弗雷特站在主席台上，看到人群、麦田、牧场、果园、连绵的丘陵和高远的山峰，心潮起伏，感慨万千，改变了原先想好的开头，从此情此景谈起：

“站在明净的长天之下，从这片经过人们终年耕耘而今已安静憩息的辽阔田野放眼望去，雄伟的阿勒格尼山隐隐约约地耸立在我们的前方，兄弟的坟就在我们脚下，我真不敢用自己这微不足道的声音打破上帝和大自然安排

的这份平静。但是，我必须完成你们交给我的责任，我祈求你们，祈求你们的宽容和同情。”

有节奏的演说，都能在感情表达需要的前提下，该快则快，该慢则慢，快有章法，慢有条理。

当演说者要表达急切、震怒、兴奋、激昂等感情时，连珠炮般的讲话，能使听众产生一种亢奋感和紧迫感，激起听众的振奋与共鸣。

当演说者要表达悲哀、思索等感情时，要放慢节奏，使听众产生一种深邃感。

初次上场的演说者容易犯的错误是速度太快，像放鞭炮似的噼里啪啦，一个调子，一个速度；提醒自己“慢慢慢”后，又会趋于慢得平坦，慢得没变化。对于初次上场的演说者来说，要灵活控制演说的进度，有快有慢，快慢适中；长时间的快，会“供过于求”，引起听众烦躁；如果太慢，则“供不应求”，听众注意力不集中，情绪调动不起来。

研究表明，每分钟 180~220 个字的语速是让人感到舒适的区域。为什么这个语速节奏区域会令人舒适呢？因为在人类大脑的临时记忆里，上限通常都是 7 个元素模块。停顿所产生的时间空隙，让大脑有充裕的时间去处理信息。

停顿，既可以增强说话的吸引力，也能迅速消除语言传递中的种种障碍，使听者更加集中注意力。停顿所能达到的最佳传播效果是：没有一点声音，没有任何喝彩，只有那振聋发聩的寂静。

演说的节奏感可以给演说者带来很多好处，成功的演说者都深谙此道。要想获得演说的成功，更要掌握这一技巧。

（1）情感。有人演说声音很好，像播音员一样，却无法吸引听众，没有感染力，为什么？理由很简单。因为他的演说没有感情，就像唱歌一样。演说者的情感如同朗诵的背景音乐，不同的作品要有不同的背景音乐，演说者的情感就能起到和背景音乐一样的作用。无论是做报告还是进行演说，都需要真情实感，演说者的感情有：真诚、热情、兴奋、庄重、喜悦、伤心、忧虑、自信、激动……不同的主题和内容，演说者应该具有不同的情感。

（2）力量。演说者说话没有力量，不会给听众留下良好印象，反而会让演说者显得不自信、不健康、不确定，这样的演说不能吸引听众的注意力，很容易走神。所以，声音洪亮有底气的演说，在开头的时候就能很好地吸引听众，同时给演说者带来自信。声音的力量是一个人精气神的一种体现，所以演说时一定要有底气。

（3）语速。演说，语速要快慢结合。开头的时候，演说不要太着急，要缓慢有力。因为这时候，无论演说者还是听众，都没有完全进入演说和聆听的最佳状态，语速太快，容易出错，听众也容易走神。在演说过程中，演说者完全可以根据内容调整自己的语速，增加韵律变化，以便引起听众的喜欢。

（4）停顿。开车的时候，根据路况，要及时慢下来或停下来，没有刹车，是很紧张和恐怖的一件事，演说也一样。演说一句话的时候，要停顿一下；演说几个字的时候，如果重要，也要停顿一下，起到强调的作用。演说者的停顿，每句话都要有，停的时间要根据演说者的心理和内容逐渐加强。

（5）重音。演说过于平淡无异于催眠曲，听众不但听不进去，还容易打瞌睡。要想改变催眠演说这一情况，就要重视重音，在关键词语或话语上放慢和加重语气，不仅可以起到很好的强调作用，还能吸引听众注意力。例如，在数字、名词、主题等重要词语上，放慢、加重语气，效果会大不一样。

那么，作为演说者，平时要如何训练呢？

第一，请专业的演说老师进行一对一辅导，让老师从专业角度发现你的问题，更客观、更准确地给出建议和改善方法。

第二，找些文章进行训练，可以在上面标注重音、停顿等，然后按照标注每天进行训练。

第三，学习朗诵，把一篇作品有节奏、有情感地演绎出来，演说也就有了节奏感。

演说者要意识到演说节奏感对于演说的重要性，并有意识地改善自己的演说节奏，掌握了节奏感，你的演说也就成功了三分之一。

控制好演说时间，不要太拖拉

听一场即兴演说时，最难受的是什么？耗费时间太长。当今社会飞速发展，时间是最值钱的东西。演说者在台上演说时，最需要注意的也是时间。国语大师林语堂曾非常形象地说过，演说就像女孩子的裙子，越短越好。舞台上的 3 分钟、5 分钟，足够表达一件事；长一点的 20 分钟、30 分钟，也能讲清一个主题。所以，演说者要使用一些演说技巧，将演说变得精致且更具魅力。

如果演说没有做好准备，没有经过试讲，不知不觉讲到了超时；如果别人准备的幻灯片，你没来得及熟悉，实际讲起来才发现内容过多；如果讲到中途，你发现听众要听的和你讲的完全不同，主题理解出现了偏差，需要及时调整……这时候，就要紧急刹车。

一次参加一个 IP（知识产权）方面的会议，一位演说者没有专门准备资料，而是使用了公司介绍幻灯片。幻灯片上密密麻麻都是字，一共几十页，逐一介绍公司各产品的内容。

在这个会议上，这种演说内容本来就不适宜，演说者事先没有做准备，现场只能将幻灯片上的字一个个地念出来。当她读到不足四分之一内容的时候，时间已经到了，她依然逐字逐句地读着，只是加快了语速。

礼仪小姐多次举牌提醒，演说者也很着急，但她却像傻了一样，不知道怎么尽快结束这场演说。台下传来不满的声音，听众甚至说出“赶紧跳过去啊，是不是傻？”这种难听的话。

很多人都是这样，一旦上台，就像被编好程序的机器人一样，不知道如何灵活应对意外状况。其实，处理这种问题方法很简单，后面的那些页面，只要念出标题和产品名称即可。几十页幻灯片，只要花两分钟，就能读完，虽然效果不好，也不至于尴尬到下不来台。

有些经验丰富的演说者，出席任何场合的演说都是一套幻灯片，他们会根据不同的会议时间及主题要求，重点讲其中几页，剩下的页面有技巧地跳过去。

“这几页是我和清华合作的一个项目，里面有些数据，大家看看就好。”

“时间有限，这部分我就不展开了，感兴趣的朋友会后可以找我要幻灯片，也可以去买我的书。关于这一点，我的书里都有详细分析。”

“这是2017年的产业调查报告，有兴趣的话，大家可以拍一下。”

很多时候，简短的一句话就能快速跳过幻灯片，顺便抬一下自己，何乐而不为？

演说拖延时间，是商务活动中最忌讳的行为。演说的内容是演说者自己确定的，你可以随时对内容进行增删，即使人在台上也可以这样做。

精准控制演说时间，有如下简单可行的方法。

1. 重视试讲

试讲可以帮助演说者记录时间，作为正式演说的时间参照。把每次试讲的时间进行平均，基本上就能做到心中有数了，即使偶尔出现偏差，也会被控制在一两分钟内，属于听众和会议主办方都能容忍的范围。

在试讲过程中，如果发现演说的时间长度远超规定时长，演说者要对演说内容进行再度梳理。

如果某些环节可有可无，可以直接删掉。

为了论证某个观点，而使用了一个以上的例子，就减为一个。

看看是不是有某些内容原本通俗易懂，你却使用大量的篇幅去说明？果真如此，就精简一下。

如果还是超时，就需要从整体上审视你的演说内容，看看哪个大章节还可以减掉或精简为一页幻灯片。

这一番动作下来，你的演说内容基本上就达标了。做减法很容易。

如果发现试讲的时间短于规定时间，怎么办？如果只少一两分钟，完全可以不管，演说越短越绅士。

如果试讲的时间远远不到规定时间，就交给试讲听众一个任务，问他们：“我哪些地方讲得不细致、不清楚？”

听众掌握的专业知识不同，对演说内容的理解程度也不同，所以要他们挑出“不细致”“不清楚”的地方，把几个人的意见汇总起来，找到几个这样的问题点，把这些地方掰开揉碎讲透，自然就能拉长时间长度了，演说效果也会更好。

2. 内容灵活

举个例子。要想论述或说明一件事，总离不开例子。理论是枯燥的，例子是鲜活的，很多时候，只要举一个好的例子，就能成就一场好的演说。当然，在学术性专业性演说场合，这种灵活内容是例子；而在娱乐性演说场合，这种灵活内容就是梗，性质都一样。

在紧张和压力下，有些演说者的语速会变快，相反，有些演说者的语速会变慢，结结巴巴。因此，正式演说所用的时间总会与试讲有一定差距。这时候，就要预留出一两个可讲可不讲的例子，如果时间过短，就把它们讲出来；如果已经超时，就把它们直接删掉。

当然，这种灵活内容的设置也是有讲究的，例如，试讲的时候要记录下演说的中点位置，如果演说时间是 30 分钟，在 15 分钟时讲到哪里了，就在那里做个标记，这就是你演说内容的中间点。而所谓的灵活内容，则要设置在这个中间点后面。正式演说开始后，当你讲到中间点的时候，要看一下时间，如果时间已经过半，最终可能会超时，就要删掉这个设置在后半程的灵活内容；如果讲到中间点，时间尚未过半，就说明你讲得偏快，应该略微放慢后半段的速度，同时增加该灵活设置的内容。

如果某场演说对时间的要求异常严格，还可以进一步切分四分之一时间点和四分之三时间点，前面慢了，后面就适当加快；前面快了，后面就适当放缓。如此，就能更精准地控制时间。

3. 演说时间比例

一般情况下，主要内容应占发言时间的 75%。要看看开场白是不是因为插进题外话而拖得太长？还要检查一下要点之间的相对比例。例如，自己是否使用了一半时间来阐述第一个要点，这样做值得吗？演说者在实际演说时语速过快，重要的地方就得不到澄清；演说排练越接近实际情况，对时间估计的误差越小。

（1）用手表查看自己的演说时间，但不要死盯着手表的指针，因为手表指针的运动会给你造成一种压力，让你变得不太自然。要把开始和结束的时间记下来。如果你觉得自己讲得太慢，在最后一分钟很可能会把语速加快一些，相反，就把自己的语速放慢，用使人昏昏欲睡的口吻把句子拖长。

（2）有经验的演说者都知道演说的每个部分各占多长时间。即使演说时间在总体上控制得非常好，他依然希望把时间分割得更加细致一些。知道时间的长短，就能随时进行调整。

（3）排练工作进行到一定程度，每次演说花费的时间大致相等，就要在笔记上记下每个部分各自花费的时间。例如，可以在开场白的笔记右下方标记“2 分钟”，在第一个要点后标记“5 分钟”，在第二个要点后标记“8 分钟”等。

（4）合理分配演说各部分的时间，能帮助演说者从容调整内容。例如，你原计划用 5 分钟讲述第一个要点，听众的反应让你觉得自己需用 8 分钟才能使他们明白这个问题，于是就将第二个要点和第三个要点中的小故事省略掉，省出多用的 3 分钟。

第十二章　即兴：临时起意也要饱含激情和智慧

把握相关套路，让即兴演说张口就来

在这个人人都需要演说的时代，演说不再限于正式场合，随时随地、简短便捷，只要有即兴演说的需要，就可以称之为即兴演说。

精彩的即兴演说，不但能为你塑造良好的个人形象，还能将你的专业能力充分展示出来。演说者的每次即兴演说都是一个潜在的领导力时刻，只要提前做好准备，就能放大这个时刻的影响力。因为你说的话是别人记住你最快的途径。即兴演说能力强的人，一开口就能赢得更多的机会。

在飞速发展的时代，人们沟通方式也趋向高效，即兴演说也变得越来越重要。每次即兴演说，都是个人形象的塑造和个人 IP 的输出。在这个注重打造个人 IP 的风口浪尖，掌握了即兴演说技能，就能随时随地地发表演说，继而产生巨大的影响力；具备了即兴演说的能力，有了即兴思维，做事自然水到渠成。

即兴演说离不开情感，毫无情绪或情感冷淡的演说，终究是苍白无力的。在即兴演说中，演说者要流露出自己的真实情感，要通过细节描述，跟大家分享自己内心的感受。

事实证明，卓越的即兴演说者都善于表达自己的情感，或意气风发、痛哭流涕，或苦口婆心、娓娓而谈，都能给听众留下深刻印象，让听众无法忘怀。

演说者即兴演说时需掌握以下技巧和套路。

1. 数字法

有时，对方会问你一些问题，你需要即兴回答，即兴组织逻辑，回答客户的问题，构建信任，促进后续的成交。数字法的核心句式是这样的："关于 ××，你需要注意 3 件事……"

当然，这里的数字是可变的，可以是 3 件，可以是 5 件，但一般建议不超过 7 件。因为我们的短时记忆只能记住 7 个组块，要点太多，自己和对方都记不住。比如，客户问你"去希腊办一场年会，有什么注意事项吗？"你可以按照这样的结构来回答："希腊办年会需要注意 5 点：第一，团队成员要提前 ×× 天申办护照；第二，预订酒店需要注意 ××；第三，交通方面需要注意 ××……"对方就会觉得你很有条理性。

数字法不仅可以回答客户问题，也可以用来做团队分享。例如，"职场新人最容易犯的 3 个错误""成为 Top sales 的 3 个心态关键词""关于升职加薪，HR 不会告诉你的 5 件事"。

这些分享的标题都很有吸引力。

2. 时间法

讲述和自己有关的故事，就可以使用这个套路："我之前……我克服了……我成为了……"

例如，"过去我在上海创业做商务摄影的时候，只有我和一个摄影师。因为没有钱，那时候我们连着 2 个月吃白水煮面。我们通过地推 + 第一批客户的口碑推荐，克服了没有客户的困难。现在我们团队在上海有两栋别墅，年营业额也是千万级别……"

此外，即兴演说也是有套路可循的。

第一，不知道即兴演说要讲什么，就问问自己：你最希望听众记住的一句话是什么？

第二，上台演说的那一刻，一定要记住：我来这里并不是为了给大家随便讲两句，我是来影响大家的。

也就是说，你要有足够强烈的影响他人的意愿，因为演说不是目的，影响力才是。

3. 一句话法

即在一段 3~5 分钟的即兴演说中，围绕一句话来讲。例如，团队换到新的办公室，老板通常都要讲几句。这时候，可以找一句你最希望大家记住的话，比如，“人心”“挫折”“拒绝”。

开头：“新的办公室环境不错，风水也不错。”但是，“人心是最好的风水”。

中间：“我们团队最早连办公室都没有，为了省钱，只能在路边啃面包，客户来了，就直接进麦当劳签约。最艰难的时候，是大家不离不弃的支持，帮助了团队成长。”

结尾：时局动荡，但是“人心是最好的风水”。

组织好腹稿，演说才能方寸不乱

自媒体时代，掌握了一定的演说方法，就掌握了向外发声的话筒，就能吸引流量。

你所表达的观点撼动人心、影响公众，你就能在人们心中具有价值，人们就愿意为了你的价值而自觉自愿地埋单。对于企业家来说，无论是在正式的演说台上，还是在与客户和员工的交谈中，话语中传达的能量有多大，你在客户和员工心目中的价值就有几分。

尤其是即兴演说训练，怎样才能在最短的时间内让听众记住你？怎样才能在最短时间内把自己的信息传递给听众？如何在短短的几分钟内迅速抓住听众的吸引力，赢得对方的信赖？

即兴演说，重在厘清思路，做到心中有数。俗话说：“好记性不如烂笔头。”想一遍，脑子记一次；写一遍，脑子记一次；看一遍，脑子又记一次；再默读一遍，就记了四次。这样，脑子、视觉、嘴巴都参与，记忆当然会深刻很多。只靠脑子记忆，缺少视觉和嘴巴的参与，就记不深刻，容易忘记。

另外，手中有稿心中不慌。没有提纲，不打腹稿，一旦遇到忘词的情况，你会不知所措。提前打好腹稿、写好提纲，就可以看一下提纲，给自己一个提示；而且，带“货”上台，腹中有“粮”，心里不慌，反而不容易忘词。

那么，究竟在什么情况下可以打腹稿？只有一种情况，就是久调重弹。改换了场合，重复以前讲过的内容时，就可以打腹稿。除此之外，只要是第一次讲的内容，都应该本着“凡事预则立”的原则，动手写出提纲。

只有拟定提纲、打好腹稿，即兴演说时才不会乱了方寸，从容发挥，没有明显的语病，即兴演说也就成功了一大半。因此，拟定提纲、打好腹稿十分关键。那么，如何才能列好提纲、打好腹稿呢？

（1）立片言之居要。如果时间紧迫，来不及构思全篇，可以先开门见山地提出自己的主张或见解，然后以此为发端，用一组句群进行讲述。这“片言”就是“意核”，讲的时候完全是对“意核”进行剖解。从破题到展开、到多角度的论证、到最后的总结，每句话都能言之有序地“黏”在“意核”

上。对“居要”之“片言”作全方位分解，下面的“三字诀”就可以作为表达的提示：“正面说”(肯定的角度)、“反面议”(假设性否定)、为什么(列举理由)、怎么做(指出门径)、找例证(论据实证)、作归纳(回应论点)。当然，不一定面面俱到，有时只要将一两个方面说清、说透，就是一篇不错的演说。

(2)要点提示，以免遗漏。例如，在一场运动会的颁奖仪式上发表即兴演说，主要内容应包括以下几点：一是向获奖的集体和个人表示祝贺，向教练员、工作人员表示感谢；二是要说明举办这项活动的意义；三是号召人们向运动员学习；四是希望今后继续举办。之后，就可以用“祝贺”“感谢”“意义”“学习”“希望”等词对讲话内容进行抽象概括。

(3)以“情”取胜。即兴演说通常先有“情”后有“意”，表达要受到某种情绪的驱使，其特点是即席生情、即席觅意、即席取材、即席成趣。即兴演说之前，无须构思演说内容，要先充分感受其气氛，理出自己的感情线索；先确立一个意愿，然后诙谐洒脱地随兴驱遣，娓娓道来。这类演说形散神聚，以“情”取胜，显得真挚而有灵气。

(4)浓缩的都是精华。对于训练有素和有经验的演说者来说，在演说前的短暂时间内就能根据现场情况确定演说的中心，以及先说什么、后说什么。如果演说者的经验不足，即兴演说前可以将内容高度浓缩，进行精细化处理。

简洁朴实的语言，让演说更具亲和力

即兴演说语言是一种独白式的、有一定话题的交际语言，应该力求自然、朴实和通俗。

例如，某企业年终召开表彰大会，一位领导登台讲话说："在大家热烈的掌声和欢快的乐曲声中，我愉快地走上讲台，心潮翻腾，激情难禁……"几句话就引起了一阵讪笑。因为词语不够自然和朴素。

这里有一段即兴演说词：

难道一个人不当官理事、不拿钱了，就应该感到空虚吗?

我20年没有拿一文钱工资，有一段时间，连生活费也没有。

但是，在群众中，我得到了远比金钱更珍贵的情谊。

"文化大革命"中，我不能出门买菜、买鸡蛋、买肉。

我一出去买，造反派就说我："你还买鸡蛋啊，鸡蛋卖给你啊。"

可是，有人半夜敲我的窗户，说你要什么我替你买，然后从窗户里递给我。

我们的社会里，还是正直的人多啊。

这段话朴实自然，用的是日常口语，听来亲切感人，没有一个难懂的词语。

即兴演说一般都句式整齐，句型多样，句式运用灵活。

著名电影艺术家、喜剧大师卓别林有这样一段即兴演说词：

哈娜，你听见我在说什么吗？不管你在哪里，你抬起头来看哪，抬起头来看哪。

哈娜，乌云正在消散，阳光照射进来。我们正在离开黑暗，进入光明。

我们正在进入一个新的世界——一个可爱的世界。

那里的人能克服他们的贪婪、他们的仇恨、他们的残忍。

抬起头来看哪，哈娜，人的灵魂已长了翅膀，他们终于要振翅飞翔了。

他们飞到了霓虹里，飞到了希望的光影里。

抬起头来看呀，哈娜。抬起头来看呀。

这段演说词，多数都是短句为主，长短句交错；以陈述句为主，疑问句、感叹句和祈使句俱全；句式也多种多样，有主谓句、非主谓句。在主谓句中，有一般主谓句，有省略句；在非主谓句中，有无主句，有独词句等。这种变化多样的语言结构，把他寻觅和平与自由的意志和愿望倾诉出来，短小精悍、明快有力，不仅动人，且有魅力。

抓准“题眼”，让听众跟着你走

俗话说，打蛇要打“七寸”。即席发言的“七寸”就是“题眼”。

一次，著名教育家谢曙东应邀参加春节团拜会，在事先没准备发言的情况下，主持人请他讲几句。

看到桌上一改过去摆设丰盛糖果、高级糕点的习惯，仅有一杯清茶，他灵机一动，以“一”字引发，即兴赋诗：“欢聚一堂迎佳节，清茶一杯赛诸神，团结一心创伟业，步调一致向前进。”

大家报以热烈的掌声，纷纷表示再来一首。

他急中生智，顺着刚才的“一”字进行下去，还卖了一个关子：“别喊，还有一横批：说一不二。”

得体的即兴发言，让与会者交口称赞。

即兴演说就是即“时”兴讲、即“书”兴讲，寻找“触媒”，临场引发：既可以从听众关心的问题引发，也可以根据场地的布置、大小、标语引发；还可以按天气、时令、突发事件引发，根据前面演说者的内容引发。

即兴演说最突出的特点是即时性。它是激情的喷涌，心灵的闪耀；睿智的迸发，思想的火花；是认识的展现，能力的外化。其最大的难处是无话可说、有话难说。“无话可说”就是知识贫乏，储存太少：“有话难说”则是没有组织好材料，没能厘清线索。

有些即兴演说的内容打动人心，却无法引起听众的普遍关注，主要原因就在于没有运用较好的演说方法来突出演说主题。其实，要想突出演说主题，抓住听众心理，使演说光彩夺目，给人留下深刻印象，完全可以使用以下方法。

1. 开门见山

用简明扼要的话语直白地凸显主题，态度鲜明，观点深刻，易于吸引听众的注意力。举个例子：

人言不可畏，反而可喜。

我希望别人对我评头论足，我喜欢周围有我的“风言风语”，我盼着人们对我“说长道短”。

我认为，在“流言蜚语”中畏首畏尾的人都是弱者；

我认为，在“人言可畏”下缩头缩脑的角色都是懦夫；

我认为，在“指指点点”中怕这怕那的人都是“纸老虎”。

……

冷言，恰恰说明我备受关注，大家用放大镜帮我寻找缺点，我岂不是能更快地进步？

诬蔑，那是出于对我优秀的嫉妒，我庆幸自己在人生中又迈出了可喜的一步；

讽刺？更欢迎，相信这枚银针会刺痛我的神经，医治我自身克服不了的缺点，从而最终完善自己。

因此，请让流言来得更猛烈些吧。

在这段演说开始，演说者直白地表露了演说主题“人言不可畏，反而可喜”，要言不烦，标新立异，很容易引发听众的兴趣；一连串的排比句，爱憎分明地说明他不同凡响的态度——“喜欢”流言，清新别致，令人耳目一新。这样突出主题，既可以让演说提纲挈领，条理清晰；又可以让听众清楚演说的目的，促使演说收到良好效果。

2. 用精辟的语言点睛

在演说结尾用精辟的语言突出演说主题，既收束有力，让听众明白演说意图；又能收到余音绕梁、引人深思的奇效。举个例子：

湖北神农架野猪糟蹋庄稼厉害，群众长吁短叹。为此，村干部组织民兵巡逻驱赶，花费了很多人力。

后来有人想了一个好办法，用录音机录上狮子、老虎的吼声和人声、枪声，用高音喇叭播放。开始果然有效，野猪受到惊吓，跑得远远的。

几天后，野猪试探着往庄稼地里凑，并用身子靠了靠绑着高音喇叭的杆子，发现仍然只是叫喊而没动作，于是甩开嘴巴，把绑着喇叭的杆子给拱倒了。（笑声）

同志们，唱高调、说空话连野猪都骗不了，何况人呢？（热烈鼓掌）

针对某些人讲空话、不干实事的问题，演说者引用了“神农架野猪”的故事，故事虽短小，却抑扬顿挫；用拟人手法讲野猪被吓跑、试探、拱倒杆子的经历，生动形象，活灵活现；最后“画龙点睛”，突出演说主题——“唱高调、说空话连野猪都骗不了”，点明“唱高调、说空话”毫无意义，使听众立刻顿悟，深受启迪。

3. 侧面烘托

从侧面描述，通过渲染或反衬，就能使演说主题更鲜明突出，让演说光彩夺目。举个例子：

曾经，我很讨厌学习，喜欢吹牛、聊天。一天，我向母亲吹嘘，说大家都愿意听我侃大山。父亲却突然发怒了，说：“闭嘴。把手举起来。”我觉得非常可笑，家人却不知怎么回事。

我咽不了这口气，拔腿走出房间。父亲一把抓住我，使劲让我转身。他鬓发发白，脸因为愤怒而涨得紫红。我在对峙中软下来，任由他把我拽回餐桌旁。他严厉地说：“把手举起来，我要你好好看看，手比头高。这意味着无论什么时候，干总是第一重要的。不管你想得多好、说得多好，都得动手干。夸夸其谈，只能一事无成。”

“手比头高。”父亲这席话如同掠过平冈的疾风，一下子开启了我的心智，让我悟出了自己的浮躁与浅薄。

在这段即兴演说中，演说者巧妙地运用了烘托法，描述了自己的得意与浅薄，反衬父亲见解独到、批评教育的及时；描述了父亲发脾气的形象，

“鬓发发白”、脸“涨得紫红”，衬托了父亲深沉的爱。这些都是为了有效地亮明演说主题——手比头高，做比想和说更重要，不要空想，不要高谈阔论，要动手去做。

当然，演说中突出主题的方法不止以上几种，还有哲理式、引用式等，如果恰当使用，巧妙突出即兴演说的主题，也能让演说色彩鲜明，克敌制胜。

第十三章　应急：偶遇突发状况，巧妙应对渡难关

突然“短路”，用关键词重启记忆

演说时，忘词了，卡壳了，对于很多演说者来说，都是一件非常尴尬丢脸的事情。

有时，虽然自己准备得很充分，已经将演说稿背得滚瓜烂熟，但上台之后，突然忘词了。听众用期待的眼神看着你，你感到更加紧张，不知所措。

思维中断，无法将演说继续下去，就是人们常说的脑子“短路”。“短路”在演说、主持等场景中都是一个非常严重的问题，无法在短时间内继续自己的讲话，整场演说都将失败。

经过总结，我发现导致“短路”的原因有很多，非常复杂，例如，突然走神，思维没跟上；过于紧张，产生心理波动，思维受到影响；受听众或周边环境的影响，大脑出现空白。

“短路”情况虽然时常出现，却可以尽量减少甚至避免。例如，在演说之前，演说者多准备一些与演说内容相关的材料，以备不时之需；掌握一些应对“短路”的技巧和处置手段，出现“短路”时就能灵活处理；做好准备，演说者心中会更加踏实，即使出现“短路”情况，也能坦然面对，以良好的心态从“短路”的窘境中解脱出来。

当然，解决“短路”问题的最好方法是牢记关键词。

所谓关键词，就是演说者对演说稿进行深度的提炼，得到几个最为关键的词语。关键词是演说的灵魂，通过关键词可以衍生出关键内容，就能把握演说的主旨。

在演说过程中，一旦出现“短路”的情况，借助关键词的提示，很容易重新找回思路，即使暂时无法全部回想起来，也能在脑海中找到相关材料，及时弥补演说的空白。如果能将演说稿中的关键词提炼得短而多，那就更好了。

事实证明，关键词数量越多，演说可以拓展的空间就越大，即使某些关键内容很难记忆，也可以巧妙地将其忽略，直接进入下一个关键内容。当然，无论关键词是多是少，提炼的情况是细是粗，都要谨遵一个前提，那就是记忆要清楚，不能出现任何偏差；一旦记忆出错，与演说内容无法契合，整场演说就无法展开，失败不可避免。

无人提问，灵活应变不冷场

演说就像一场现场直播，即使在台下进行了充分准备，一上台，总会因为各种原因出现突发状况，比如冷场。相信，很多演说者都体验过，演说时被冷场支配的恐惧。自己热情满满地发表了一大段演说，配上生动的肢体语言，自我感觉良好，可是一低头却发现听众面无表情，全场悄然无声。这个时候，很多演说者就会觉得羞愧满面，内心像有一只小兽不断地在嘶吼：太尴尬了，赶紧找个洞钻进去吧。

其实，演说中的冷场并不恐怖，只要掌握下面几招，就能轻松化解尴尬。

（1）用笑话或故事来化解尴尬。作为听众，不仅想在演说中学习到干货，还喜欢有趣而充满激情的演说，想要享受听觉的盛宴。设身处地地想一下，如果演说者是听众，面对平淡甚至毫无生气的演说，你愿意听吗？当然不愿意。遇到冷场时，就要考虑自己的状态是否要调整？语气有没有做到抑扬顿挫，充满激情？语气收放要自如。当听众比较萎靡时，要用积极的状态引导听众；叙述道理的时候，就选用平和的语调来说明，让整场演说如同一首歌，有平和，有高潮，有起伏。

（2）鼓励听众参与。冷场还有一个原因，就是听众置身事外。演说者和听众是一场成功演说的两个重要组成部分，缺少任何一方都不可能成功。在演说过程中，有些演说者不知不觉就变成了自己的独场，完全没有考虑到台下的听众。这时候，就要立刻调动自己的精力，和听众互动一下，或邀请听众回答问题，或和听众做些小游戏，等双方情绪都调动起来，冷场的尴尬自然消失。

（3）放平心态，冷静下来。既然已经站在了演说台上，就要无条件地相信自己，并且用眼光积极寻找对自己微笑的听众，并对着他们演说，只要听众还在倾听，只要现场还有人，就要保持演说最好的状态。听众突然冷场，也可能是因为你刚才的话语而陷入思考，可以试着用一些引导性语句，将听众从冷场中拉出来。

无意中说错话，机智应对免尴尬

人有失足，马有乱蹄。演说时一时失言，会贻笑大方，或引起纠纷，有时甚至一发不可收拾，造成严重后果。

失言是不可避免的，只要积累经验、掌握技巧，就能在一定程度上挽回失言造成的影响，甚至产生出乎意料的效果。演说中，无意说错话，该如何应对呢？

1. 更换主题

演说失言，更换题旨，对失误的话语进行别致的解释，也能收到以小胜大的效果。

有这样一个例子：

一次，东方电视台主持人袁鸣随节目组到海南，主持“狮子楼京剧团”建团庆典。

袁鸣：“现在我荣幸地向大家介绍光临‘狮子楼京剧团’建团庆典的各位来宾。今天参加庆典的有海南师范学院的党委书记南新燕小姐……”（台下站起一位年过半百的男同志，全场一片骚动）

袁鸣灵机一动，说：“对不起，我这是望文生义了，不过南教授的名字实在是太富有诗意了。一见到这三个字，我立刻想起了两句古诗，‘旧时王谢堂前燕，飞入寻常百姓家’，这南飞之新燕是一幅多么美丽的图画。京剧作为国粹，一度是流行在我国北方的戏曲，但是现在已经从北方到南方，跨过琼州海峡飞到海南，而且在这里安家落户了，这又是多么美妙的画面呀。”

2. 声东击西

当失言时，做客观解释，也可以收到不错的效果。

第 40 任美国总统里根同记者谈论健康的奥秘时，不自觉地信口开河道：

“除了运动，我的另一个习惯是不吃盐。要想保持身体健康，最好不吃盐或少吃盐。”

此言一出，立刻引起了全国盐业者的齐声抗议，引发了一场“食盐风波”。

在众怒未平时，盐业研究所所长出面替里根总统做了解释：“吃盐对人体是有好处的，而里根总统遵照医嘱不吃盐也是情非得已。每个人的情形不同，应根据自己的身体状况来决定食盐的多寡。”

这里，盐业研究所所长没有否认里根总统的话，而是作了一个颇为客观的解释，巧妙地消除了言语失误带来的风波。

3. 及时补充

当演说内容明显不符合事实或有失公允造成失言局面时，演说者可以及时对自己的言语进行补充，使之变得有理有据。

1981 年，白宫突然得到里根总统遇刺的消息后，总统办公厅一片慌乱，经验丰富的国务卿黑格出来维持局面。

黑格曾任美国驻欧洲部队司令，脱下军装后又当上了国务卿，一向以果断、稳重而知名。但他听到里根总统被刺的消息后也慌了手脚，还闹了个笑话。

一个记者问黑格：“国务卿先生，总统是否已经中弹？”

黑格回答：“无可奉告。”

记者又问：“目前，谁主持白宫的工作？”

黑格答道：“根据宪法规定，总统之后是副总统和国务卿。现在副总统不在华盛顿，由我来主持工作。”

这一回答引起了轩然大波，记者们议论纷纷。

另一个记者问："国务卿先生，美国宪法是不是修改了？我记得美国宪法上写明，总统、副总统之后是众议院院长和参议院院长，而不是国务卿。"

黑格听后，意识到是自己失言了，急中生智，反问道："请问，在两院院长后又是谁呢？他们都不在白宫现场，当然由我来主持了。刚才为了节约时间，我少说一句话而已。"

如此，黑格仅用几句话，便自圆其说地为自己解了围。

4. 主动复位

演说时，在数量、级别等方面发生口误是常见的，应对这类失言问题的方法之一就是复位法。

一次，相声演员马季到湖北黄石市演出，演出之前，一位演员错把黄石市说成了"黄石县"，引起听众的哄笑。

这时，马季登台说："今天，我们有幸来到黄石省来演出……刚才，我们的一位演员把黄石市说成了黄石县，降低了一级。我这里说成省，给升了一级，这样一升一降，就平了。"

几句话逗得大家哈哈大笑。马季给念错台词的演员巧妙机智地圆了场，使演出顺利进行。

5. 主动改口

及时改口是补救失言的妙法。只要及时发现错误，就能掩饰失误，避免自己出丑。

一次，美国总统里根访问巴西时，在欢迎宴会上，他脱口而出："女士们，先生们，今天我为能访问玻利维亚而感到非常高兴。"有人低声提醒他说溜了嘴，里根忙改口道："很抱歉，我们不久前访问过玻利维亚。"

虽然当时里根从未去过玻利维亚，但在不明就里的人还没作出反应时，他的口误已经被淹没在后来滔滔的大论之中，发现及时，巧妙改口。

演说空洞，就让数据说话

成功的演说，能激发听众思考，调动听众的感情，促使听众行动。因此，演说要做到以情动人和以理服人。而以理服人更为重要，甚至可以说是检验演说成功的标准。

不同于文艺作品，演说不允许引起争议，一旦听众对演说产生争议，就意味着演说失败了。所以，增强演说的说服力是演说者的重要任务。而用数据说话，通过具体数据来印证自己的观点和主张，就成为演说者最惯于采用的技巧。

下面是马云在第九届网商大会上的演说片段：

我记得 2003 年第一次开始思考做网商大会时，整个淘宝的交易不到一个亿。

今年淘宝网的交易将超过 1 万亿，变化一万倍……

大家知道 1 万亿是什么概念吗？这 1 万亿意味着中国排名第 17 位的省的 GDP。

全中国超过人民币万亿 GDP 的省只有 18 个，去年陕西省整个省的 GDP 就是 1 万亿。

（台下立刻沸腾起来）

1 万亿到底占据怎样的地位？也许很多人并不清楚，但是很多人都知道中国省份众多，马云巧妙地使用对比，给大家在心里树立了一个比较明确的概念，其产生的影响力远比干巴巴的 1 万亿大得多。

乔布斯的演说从来不会像账房先生那样报流水账。

2008 年在 Macworld 大会上，为了庆祝 iPhone 诞生 200 天，乔布斯说："到目前为止，我们已经售出 400 万部 iPhone 手机。"乔布斯并没有就此打住，而是接着说："用 400 万除以 200 天，平均每天售出 2 万部 iPhone。"

不管你从事什么行业，随便抛出一个数据，对任何人来说都是陌生的。

乔布斯先从 iPhone 的销量谈起，再把和 iPhone 相关的数据做了延伸。200 天内卖出 400 万部，好像并不稀奇，而平均到每天销售 2 万部时，数据的效果就放大化了，提高了演说的意义和说服力。

每个行业、每个想要影响听众的演说者都可以这样做：把乏味无趣的数据盘活，让听众去惊叹。但是，若数据使用不当，则会遭人取笑。那么，使用数据时需要注意哪些细节呢？

（1）简化复杂的统计数据。珠穆朗玛峰的海拔高度是 8848.86 米，月球离地球大概 384401 千米。这些都是有趣的数据，但是听起来还是太复杂。除非由于特殊原因非得拿出准确数据，否则，最好将这些数字约整。这时候完全可以说："珠穆朗玛峰的海拔高度是 8848 米，月球离地球大概是 38

万千米。”

（2）利用视听教具说明统计数据。视听教具可以为演说者节省很多时间，可以让统计数据更容易被理解，尤其是一些数据的对比或多个数据的比较。例如，演说者在谈论近三年男女大学生就业情况的变化时，仅口头表述，听众容易混淆而不易理解。借助两个图标，把男女大学生的就业情况单列开来，就能清晰地展现给听众。如此，也能展现出你演说的熟练和成熟，更易展现你的演说魅力。

（3）不能滥用统计数据。统计数据固然重要，但是如果一篇演说稿从头到尾充斥着统计数据，听众就容易无精打采。只有在需要的时候插入一些统计数据，并确保这些数据容易为听众所理解，才能真正发挥统计数据以一顶百的作用。与其将听众淹没在统计数据的大海里，不如仅用其中几个重要数据效果更好。

（4）说明统计数据的来源。数据是很容易被人操纵的，细心的听众自然会对演说者的统计数据来源处处留心。数据来源的权威性能增强听众对演说的信任度。否则，听众就会认为演说者在胡说八道，或者认为演说者也不知道数据的来源。

第十四章　结束：讲好结尾，演说就成功了

再激烈的论辩也要有圆满的收场

俗话说，有个好的开始，演说就成功了一半；好的结尾，也会让演说事半功倍。

对于演说来说，好的开场白能够将听众的注意力紧紧地吸引过来，为整场演说的成功打下基础；而好的结尾则如绕梁之余音，袅袅不绝，会使听众余兴不尽、其味无穷。那么，如何精妙设计演说的结尾呢？

培训课上，一位中年妇女受邀进行演说。她站在讲台上，声情并茂地讲述了自己在追求事业过程中所遭遇的种种苦恼。最后，她用一句话结束了自己的发言："其实，有这些苦恼的人，世界上又何止我一个。千千万万的妇女都和我一样啊。"

这位中年妇女并没有仔细分析阻碍自己获得事业成功的社会根源，也没有阐述解决这些问题需要采取什么措施，但她这句结尾词却引起了女学员的共鸣，极具感染力。

这段演说结尾把听众的情绪引向了最高潮，这就是一个升华了主题的演

说结尾，效果上也是最成功的。

演说结束那一刻，听众的情绪能跟随演说的结束而达到顶峰，就证明演说者的演说具备十足的影响力。

结尾是演说的重要组成部分，是显示演说者演说能力的重要环节之一。

精彩的结束语，就像和别人说话，不仅令人深思，而且耐人寻味，容易给听众留下难以忘怀的印象。

在电影《指环王 1》里，结尾有这样一段话：

霍比特人过 100 岁生日，对大家说："再见。"然后，套上魔戒，消失在众人眼中。所有人都惊呆了。

相信，许多年以后，霍比特人也会记住这个瞬间。

惊人的结尾可以给听众留下深刻印象。

一次，作家老舍在演说一开始，说："今天我一共会给大家谈六个问题。"

第五个问题谈完后，他发现此时已经用了不少时间，该散会了。

于是，他一本正经地说："第六，散会。"

听众感到莫名惊讶。反应了一会儿，才欢快地鼓起掌来。

事实证明，优秀的演说家都会在演说结尾努力调动一切积极因素，把听众的情绪推到最高峰，使听众情绪激昂、振奋起来，让他们的头脑中出现一个更加强烈的兴奋点，给听众以期待。

演说结束的时候，许多演说者不知道如何漂亮的结尾；有时候甚至会不知所措地尴尬下台。美国作家布鲁斯·德席尔瓦说："每个故事都要抵达一个终点，小说的目的就像是带领读者抵达那个终点。结尾是一本小说的主旨钉在读者的记忆中回响数天的最后一次机会。"

其实，不论是小说、电影还是故事，以及演说稿，都需要一个漂亮的结尾。

布鲁斯·德席尔瓦说："你的结尾必须做 4 件事情：向读者传达出文章要结束的信号，强化你的中心点，在读者翻过最后一页后在他心中引起共鸣，及时结束。"虽然这段话是针对写作来讲的，甚至针对故事创作来讲的，但是，对于演说依然具有巨大的启发性。因为任何一名演说者都不希望听众走出会场后，把你所讲的一切都抛诸脑后。

布鲁斯·德席尔瓦还说过："最好的结尾是做些其他事情，给出一个读者也没有想到但恰恰能打动他们的意外。"这里，所谓的"做些其他事情"，就是读者没有想到但又能打动他们的意外。要想做到这一点，不仅需要策划，需要经验，还需要积累足够的素材。当然，首先要有这个意识——做点其他事情。

概括起来，好的演说结尾，通常有以下几种：

（1）生动的场景。这个场景可以是展望与想象，例如，推销某个产品时，可以帮听众想象一下，拥有这个产品后自己的生活会发生怎样的改变。当然，描绘的场景必须是具体的、感性的和生动的。

（2）阐明主要观点的奇闻逸事。这个逸事不能太长，最好在几十秒之内讲完，例如，讲写作技巧时，可以讲讲你当年向报社投稿被退稿的事——可能是惊喜，也可能是打击。

（3）一个生动的细节。这种细节象征着比它自身更大的东西，或暗示故事可能的发展方向。这也是电影最喜欢玩的套路——结尾的时候，把镜头拉向某个角落，对准一个黑影，死者复活。

（4）一个令人信服的结论。在这个结论中，演说者要亲自向听众讲话，说："这就是我的观点。"

总之，编织一个好的演说结尾有很多方法，只要将以上四个方法熟练地掌握运用，演说基本上不会出大问题。

戛然而止，让演说停留在最精彩处

在演说主题思想升华、情绪氛围渲染都达到最高点时结尾，就是高潮式结尾。举个例子：

1946 年，李公朴和闻一多先后遇害，数千名市民为他们举行了隆重的追悼大会。闻一多先生的儿子代表家属致答谢词。他的凭吊演说满怀悲愤，无数次被群众的哭声、掌声和口号声打断。他最后说：

我爸爸被敌人杀死了，有人造谣说是共产党杀死的，是什么地方人士杀死的；还有的人说，我爸爸是被自己的朋友杀死的。我感到很奇怪，他们为什么不痛快地说，是我哥哥把我爸爸杀死的。（群众愤怒到了极点，掌声震耳欲聋）

我爸爸已经离开我半个月，可是直到现在都没有捉到凶手，现在我想向大家寻求援助——要求取消特务组织。（会场爆发出"我们要求取消特务组织"的怒吼声）

在这段演说的结尾，闻一多先生的儿子把群众的愤怒情绪调动到了最高潮。其实，“把高潮放在结尾”是许多优秀演说者自觉或不自觉地都在运用和遵循的一条重要法则。

演说结束时，演说者完全可以想办法最后一次拨动听众的心弦，打开听众的心扉，掀起高潮。

下面还有一段结尾词：

亲爱的朋友们：

改革正在呼唤着我们，要想克服改革面临的困难，历史的重任已经责无旁贷地落在了我们肩上。

新时代正呼唤着我们。

这是一个挑战与机遇同在、困难与希望并存的非常时期，中华民族又到了最危险的时候。

大家，起来吧。

朋友们，祖国和民族考验我们的时代到了。

每个有爱国之心、民族之魂的炎黄子孙起来吧。让我们同心同德、艰苦创业，把强烈的忧患意识和爱国热情变为强国富民的创造性劳动，把加速民主政治建设、消除腐败现象的愿望化为维护安定团结大局的实际行动，为共渡难关振兴中华，起来吧。

前进！前进！前进！

采用高潮式结尾，从内容上来讲，需要有一定的高度，因为它是全篇演说的概括和总结。从语言角度来讲，语言的含义要一层高过一层，语言的力度逐渐加重。

以“谢”圆场表真情更受欢迎

在酒会上，很多企业家都会运用“感谢、回顾、愿望”等简单明了地演说。

这样的演说一般思路清晰，表达明确，让人难以忘怀。例如，“感谢各位同事、员工的光临……”“回顾我们公司创立和发展历程，大家经过了……”“最后，我向大家保证，在今后的工作中，我们一定要……”

诸如此类的结尾模式，简单明了。

在舞台上，演说者只要掌握这样的演说技巧，一定会让听众受到震撼。同时也可以提高自己的演说水平，让自己在接下来的时间里有更出色的表现。

竞聘演说结束时，有些演说者也会礼貌地说声“谢谢”。但是，“谢”字也有会说和不会说之分。会说的，不仅可以表现自己礼貌待人的文明素质，还能够成为沟通人们心灵的桥梁。

这里有三段结尾：

“我今天的演说完了，谢谢。”

“最后，让我再次感谢领导给我提供了这个难得的竞聘机会，感谢各位评委和所有听众对我的支持和鼓励。”

“今天下这么大的雨，大家还来捧场，我非常感动。无论今天竞聘是否成功，我都要向各位领导、评委以及在座的朋友表示深深的谢意！”（说完，给大家深深地鞠一躬。)

上面是三位演说者在同一场竞聘演说会上的结束语，虽然大家都在结尾表达了谢意，但第一个人说的是客套话，掌声一般；第二个人的“再次感谢”比第一个人的感谢略显真诚一些，自然能获得热烈的掌声。反响最强烈、给听众印象最深的还是第三个人的结尾，字字饱含真情，句句发自肺腑，以至于在他下场后，听众还在为他鼓掌。

小小的一个“谢”字，确实大有乾坤。

演说结尾时，一定要对听众、主办方和中间人等表示感谢，因为他们为了成就你的演说花费了自己的宝贵时间。

这里，给大家推荐一个受用终身的习惯：

在公开场合，一定要主动对自己的贵人表示感谢，不要吝啬提到他的名字。通过这个行为，你通常能收获更多的贵人。

在获得荣誉或接受采访的场合，结尾处还可以采用如下格式：“我受到了 ×× 贵人的启发和引领，才来到这里……”

幽默式结尾

用幽默、风趣的语言结尾，除了某些较为庄重的演说场合外，还可以为演说增添欢声笑语，使演说更富有趣味，令听众在笑声中深思，给听众留下美好的印象。

在多种多样的演说结束语中，幽默可谓是其中最有情趣的一种。演说者能在结束时赢得笑声，不仅是演说技巧娴熟的表现，更能给演说者和听众留下愉快美好的回忆，也是演说圆满结束的标志。

美国诗人、文艺评论家詹姆斯·罗威尔 1883 年担任驻英大使时，在伦敦举行的一次晚宴上发表了一篇名为《餐后演说》的即席演说。最后，他说：

在我很小的时候听人讲过一个故事，故事的主人公是美国的一个卫理公会牧师。

这个牧师在一个野营的布道会上布道，讲了约书亚的故事。他是这样开头的："信徒们，太阳的运行方式一共有三种：第一种是向前或径直运动；第二种是后退或向后运动；第三种就是我们经文中提到的——静止不动。（笑声）

"先生们，不知道你们是否明白这个故事的寓意，希望你们明白了。"

之后，演说者先径直走（起身离座，做示范）——太阳向前的运动。然后返回，开始重复自己——太阳向后的运动。最后，凭着良好的方向感，将自己带到终点，这就是太阳静止的运动。

在欢笑声中，罗威尔重又入座。

这种紧扣演说主题的动作表演，栩栩如生，天衣无缝，自然能赢得现场听（观）众的热烈掌声和欢笑声。

演说的幽默式结尾不计其数，关键在于演说者要具有幽默感，并在演说中恰到好处地把握演说氛围和听众心态，使演说结束语产生"余音绕梁，三日不绝"的轰动效应。

幽默式结尾，打破了常规，标新立异。此外，首尾呼应，也能达到意想不到的效果。当然，这种幽默要适度，让人容易接受。还可以采用歌声、舞蹈等形式结束你的演说。那么，怎样才能达到这种效果呢？

1. 主动省略部分内容

在公司举办的年会开幕式上，股东、总监、经理等各级领导逐一发言。

轮到李经理发言时，开幕式已进行了很长时间。于是，他这样说：“首先，我代表我们部门对领导过去给我们的帮助，表示感谢。”掌声过后，稍事停顿，他又响亮地说：“最后，我预祝大会圆满成功。我的话讲完了。”以迅雷不及掩耳之势结束了演说。他的话讲完后，听众一愣，随后爆发出欢快的掌声。

案例中，李经理的演说从“首先”一下子跳到“最后”，中间省去了第二、第三、第四等讲话，如天外来石，出人意料，达到了石破天惊的幽默效果，确实风格独具。

2. 对前面的内容进行总结

某大学中文系毕业生茶话会上，系党总支书记首先进行了三分钟的即兴讲话，主要向毕业生表示了祝贺。

第二个讲话的是赵教授，主题是希望同学们继续努力，还引用了列宁的名言。

第三个讲话的是周教授，为了勉励毕业生学习海燕的精神，他朗诵了高尔基的《海燕》片段。

第四个讲话的是系副主任，希望同学们永远记住母校和老师。

紧接着，毕业生们一致欢迎王教授讲话。事实上，会议进程中根本就没有这个环节，王教授自然没有准备。猛然被学生们推举出来，他既感到高兴，又有些慌乱。高兴的是这时候学生们居然还想着他，看来学生是非常喜欢他的；慌乱的是自己根本就没有准备。

王教授站起来，平复了一下内心，多年的授课经验让他瞬间就厘清了演说的头绪。

他先简单地回顾了数年来与同学交往的几个难忘片断，最后一字一顿地说："前面几位领导给大家提出了殷切的希望，可我依然想说一些他们说过的话。（笑声）第一，我要祝同学们胜利毕业。（笑声）第二，我希望同学们'学习、学习、再学习'。（笑声）第三，我希望同学们像海燕一样勇敢地搏击生活的风浪。（笑声、掌声）第四，我希望同学们不要忘记母校，不要忘记辛勤培育你们的老师们。"

临时被点名演说，确实让人不知所措，可是王教授却巧用了一个办法，即对前面四个人的演说主题进行简练概括，不仅机智，略显风趣，还个性十足。

第十五章　情境：不同场合，演说内容和方式大不同

讲话有趣味，聚会氛围才更热烈

现代人在紧张的工作之余，依然要参加各种聚会的是便于大家相互了解。

两个陌生人见面时，通常会做自我介绍。自我介绍时若含混不清，别人只能听到姓而听不到名，就不能给人留下好印象。特别是在聚会时，人数较多，自我介绍要简洁，必要时可以说说经历、年龄、特长或兴趣。

每个人都有自己的行为准则和价值判断，如果忽视这种准则和判断，不管说得怎样动听，对方都不会接受他的美意。

每个人心中的城堡都很坚固，自我防卫更加强大。要想使双方的价值观一致，就要富有同情心，要理解对方所持的认识和价值观。此外，介绍别人的时候，要充分尊重对方，客观介绍，不要降低别人。

如果在宴会上大家兴味盎然，千万不要打断他人，要说些众人爱听的话题，引导谈话轻松进行下去。

总之，参加聚会时，要善于谈话与表达，引人注目，显出强者的风姿。

宴会谈话是一种特殊艺术，必须掌握如下要领：

（1）要自觉塑造自身角色，性格呆板的人，要活泼些；平时拘谨的人，要大方些；平时严肃的人，要和蔼些；平时轻桃的人，要稳重些；平时傲慢的

人，要谦逊些；卑夷的人，要尊重他人；平时喜欢露出锋芒的人，要含蓄些。

（2）不要表达深奥的哲理，要表达自己的学识渊博。交谈时，内容应有新有旧、有浅有深、有俗有雅、有远有近，因人而异。

（3）不要单独与一人长谈，否则会让人产生亲疏不一的感觉，要周旋于大众之间，照顾群体的感受。

（4）不要千方百计地表达自己想说的话，应全力构思对方要听的话。说话的目的不是炫耀自己的长处，而是找到大家的兴奋点，用几句话就让对方兴趣盎然。

（5）不要絮叨不休，否则会令人生厌，在对方感到回味无穷而渴望再听时，要立刻终止。

（6）不要强烈地表现自己，要抱着谦恭、随和的态度，给人留下良好的第一印象。

别出心裁，让年会“嗨”起来

作为领导者，经常要出席年会发言，可很多领导都是站在舞台上一动不动地演说。

既然是年会，就不能死气沉沉，那么如何才能让年会“嗨”起来呢？下面，就给大家分享一些年会上的演说技巧。

1. 重视自己的姿势

好的姿势，可以让演说者感到轻松和自信；而且，这个细节也容易让听众觉得你很淡定，很自信。

很多领导者在年会演说时，会站在原地一动不动，或借助演说台遮挡仪态。殊不知，这种演说姿势会让场下的听众对你的演说失去兴趣，演说过程更会变得沉闷，没有激情。

之所以要进行年会演说，是为了回顾过往、激励未来，结果和严肃的报告场景一样，员工感受不到轻松愉悦的氛围，自然起不到应有的激励作用。而演说时的姿势可以给演说者带来舒适轻松的感觉，增加演说者的自信，消除舞台上的陌生感和恐惧感。

演说时，最好站在舞台中央，因为这个位置有利于统观全局，能够让你最大限度地观察到周围听众的情绪，让不同位置的听众都看到你。这里，给大家推荐一种常用的站姿：自然式站法。即两足平行，相距与肩等宽，给人一种注意集中、精神抖擞的印象。不论采取哪种站姿，都不能影响演说；要放松身体，不能过于僵硬；一定要站稳，不能左摇右晃。

如果感到紧张，可以手握话筒或手扶着讲台等，以此来扩散并减轻紧张情绪。但要注意，手发抖时，不要拿纸张，否则抖得更厉害。

2. 合理利用视线

演说，需要面对听众的注视。当所有听众的视线都集中在演说者身上时，这些视线会令演说者感到更紧张，但如果避开演说者的视线，则会令听众觉得演说者不值得信任。

演说者注视着台下的听众，会让听众产生一种被重视的感觉，通过眼神的互动，听众也会更加专注于你的演说。

在演说过程中，如果对听众的视线有压力，可以一边演说，一边将自己的视线投在充满善意和笑容的听众脸上。如果直视听众的眼睛会令自己感到紧张，可以将视线放在听众的头顶上，也可以变换注视对象，不要左右乱看。

如果能从容地通过眼神和听众互动，就要用眼睛来捕捉听众的思想情绪和心理变化，及时对演说作出调整。

3. 学会微笑

每个人都喜欢乐观开朗的人，当你微笑时，听众都会愿意向你靠近。对于演说者来说，当你发自内心地想通过演说激发内在的信心和渴望时，就要面带笑容。特别是领导者在年会发言时，通常都是为了期许新的一年公司发展得更好，这是一次充满希望和能量的演说，只有善意的、积极的、开心的面部表情，才能带给听众正能量。

微笑是无声的语言，不仅代表演说者的自信，还能向听众传递亲切感，拉近彼此的距离，消除自身的紧张感。

当然，演说者的这种表情不能过于夸张，否则会给听众一种轻浮、不真诚的感觉。

4. 重视语音、语调和语速。演说时的语音、语调、语速关系到整场演说的成败

以声音为主的演说，对语音的要求很高，既要准确表达出丰富多彩的思想感情，又要悦耳、清晰记忆。乏味的演说，一成不变的音调，暧昧不清的发音，只会让听众昏昏欲睡。只有准确清晰的发音、洪亮清澈的声音、随情感而变化的语调，才有足够的传达力和震慑力。声音具有一定的响度和力度，听众才能听得真切，听得明白。

当然，所有声音都要根据情景而变化。遇到煽情的场景，就要调节语调；错误的语调只会给听众带来错误的感官体验，听众就会感到不舒服，无法融入演说场景内。

同时，语速要适中。很多领导上台后，只想赶紧把演说内容讲完，整个过程都只用一种语调、一种语速。如此，听众就容易走神，更容易开小差。语速的变化也是表情达意的重要手段，正常谈话，每分钟大约讲 120~150 个字，速率不能太快，要在适当的时候作出调整。

祝词，不同身份有不同说法

祝词和贺词一般使用于友邻友邦、兄弟单位、亲朋好友逢喜庆之事前去祝贺时。

这类演说的主要目的是交际或感情交流，礼仪性较强。因此，演说者在不违反礼仪的前提下，要带着诚挚的感情做演说。只要能引起对方的愉悦和感动，就能达到最佳效果。

对于不同的场景和身份，要使用不同的演说词，这里列举几个：

1. 祝婚词

根据自己的身份和与新婚者的关系，在婚礼上发表的演说，就是祝婚词。

祝婚词既饱含“贺”的意思，又有“祝”的意味，围绕中心内容，演说者应尽量把婚礼的气氛搞得活跃一些，做到趣而不俗。

下面是一位婚庆主持人的婚庆“演说”：

×××先生、×××女士的结婚庆典——现在开始。

【开场】

尊敬的各位来宾、女士们、先生们，大家上午好。今天是公元2020年的1月1日。在新年的第一天，在这样一个充满喜庆的日子里，我们迎来了新郎×××先生、新娘×××女士的结婚庆典。我是来自于××婚礼会馆的主持人，我叫×××，能够受到二位新人的委托为他们主持并见证这一神圣而又浪漫的婚礼时刻，我感到非常荣幸。在此，我代表两位新人以及他们双方长辈，对各位来宾的光临表示衷心的感谢，谢谢大家。

【新人入场】

如果将爱情比作美丽的鲜花，婚姻就是甜蜜的果实；如果将爱情比作初春的小雨，婚姻便是雨后灿烂的阳光。在这样一个美妙的季节里，有一对真心相恋的爱人，他们从相识、相知到相恋，走过了一段浪漫的充满爱的旅程。此时此刻，我想所有的嘉宾都和我的心情一样，都是怀揣着万般激动的心情、期待的心情，等待着今天的新郎和新娘的出现。下面，就让我们一起把自己的目光都聚焦在幸福之门，以最热烈的掌声有请新人步入神圣的新婚殿堂。

【宣誓】

朋友们，婚姻是相互的理解和信任，更是彼此的托付和珍惜。

婚姻是爱与爱的交融，情与情的交换，更是心灵与心灵的碰撞，生命与生命的相连。

婚姻传颂着一个美丽的爱情故事，更交织出一个美好的爱情誓言。

此时此刻，我想新郎新娘定然都有一句话想对彼此说。那么现在，有请两位新人转过身来，看着彼此的眼睛，握紧彼此的双手，在众人面前说出这份爱的告白吧。

×××先生，当你的手牵着她的手，从这一刻起，无论贫穷和富贵，健康和疾病，你都将关心她、呵护她、珍惜她、陪伴她，一生一世，直到永远，你愿意吗？（我愿意）

×××女士，当你的手牵着他的手，从这一刻起，无论贫穷或富贵，健康或疾病，你都将忠于他、支持他、帮助他、安慰他，一生一世，直到永远，你愿意吗？（我愿意）

【交换信物】

一句誓言承诺一生相随，一刻感动足以相伴风雨人生。

苍天播下了幸福的种子，大地盛开了吉祥的花朵，合法夫妻开始了他们美满的新婚生活，人生旅途掀开了他们崭新的一面，为了这个小家庭的诞生，他们带来了珍贵的信物。这个信物象征着两颗真诚不变的心，还包含着更多的责任和承诺，下面有请小天使给二位新人送上属于他们的爱情信物。

新郎，真诚地望着你的爱妻，记住，××× 是你今生无悔的选择！现在，请将钻戒佩戴在新娘左手的无名指上。

新娘，真诚地望着你的先生，记住，××× 是你今生幸福的依靠。现在，请将钻戒佩戴在新郎左手的无名指上。

天长地久有尽时，此情绵绵无绝期。一枚小小的钻戒，牢牢地套住了他们绵绵的情，套住了他们彼此相爱的心。

……

2. 祝酒词

宴会开始前，通常都会由主持人或享有资格的发言人上台或起身讲几句话，这种讲话，就是祝酒词。

祝酒词可以为宴会的正式开始拉开一个序幕，并营造一种欢乐气氛。

这种演说要求语词热情洋溢、生动活泼，讲究趣味性；至于讲什么内容，或长或短，都要根据具体情况来决定。

虽然宴会的性质多种多样，且不拘形式，但基本内容的模式还是固定的，如下所示：

（1）唤起宴会参与者的美好回忆或愉快想象，制造欢乐气氛；

（2）对所祝之事作出积极评价，有必要时，可以说些有关“展望”的话；

（3）代表大家或以个人名义，表达良好的愿望和预祝；

（4）最后，以“让我们为……干杯”来结尾。

下面是某位父亲在女儿满月酒宴上的讲话。

各位亲朋好友：

今天，是我女儿 ××× 的满月之日。在这里，面对各位嘉宾，我代表我们全家说三句话。

第一句话是感谢。感谢各位亲戚朋友来参加我女儿 ××× 的满月酒宴，感谢各位一直以来对我们全家的关心、帮助与支持。这份关心、帮助与支持，是我们全家人最为宝贵的精神财富。我相信：有你们的厚爱，我女儿定然会成长得更加健康快乐。

第二句话是祝福。一方面，祝福各位嘉宾身体健康、工作顺心。另一方面，祝福我女儿 ×××。希望我女儿长大以后能成为一个健康快乐的人，成为一个有责任心的人，成为一个对社会有用的人。为此，我和妻子将认真履行教育者和监护人的责任，把女儿培养成对国家和社会有用的人。

第三句话是期待。我期待着各位嘉宾继续帮助支持我们这个家庭，期待着大家关注、关心我女儿的成长。俗话说，“如果没有天上的雨水，海棠花儿不会开”，××× 的成长离不开大家的关心和厚爱，在我女儿有进步的时候，期待大家给予她赞许的目光；在她犯错误的时候，期待大家的批评和帮助。

各位，希望大家在这里吃得开心，喝得尽兴。最后，全家祝愿各位亲戚朋友度过一个愉快的中午。

谢谢。

3. 贺寿词

老年人或长辈在寿诞日的庆贺中，以个人名义或以代表的身份所做的讲话，就是贺寿词。

贺寿词的形式多种多样，但内容多半是借贺寿之机表达晚辈对长辈的敬意、谢意和良好祝愿。因此，其一般模式是：

（1）指出贺寿的意义，表明前来贺寿的心情；

（2）对被贺者歌功颂德，表达贺者的敬意和谢意；

（3）诚挚地祝愿被贺者身体健康和长寿。

举个例子：

各位来宾、各位亲朋好友们：

大家中午好，大庆佳节处处喜气洋洋，很高兴大家能够在今天欢聚一堂，春临大地腾瑞气，福满人间喜事多。

今天是2020年××月××日，在这个美好的日子，我们能够欢聚在此，共同为我们敬爱的老寿星肖奶奶举办六十岁大寿庆宴。在此，我首先祝愿肖奶奶年年岁岁有今朝，增福增寿增富贵，添光添彩添吉祥。感谢亲爱的舅舅对本次宴会场所的赞助，愿舅舅万事如意，家庭和睦。

亲朋共享天伦乐，欢声笑语寿满堂。在座的各位都是远道而来的亲朋好友，我们今天共同的目标就是为肖奶奶庆祝六十岁生日，现在就让我们举起手中的酒杯，将美好的祝福献给老人家，祝愿老人家寿比南山，福如东海。

肖奶奶一辈子都是围着孩子转，今天是肖奶奶的六十岁生日，在这里我除了祝福，更想表示感谢，感谢您的养育之恩，感恩您的付出。

曾经您也是正值豆蔻年华，却为了我们一直无私地付出着。在我小时候，您一针一线地为我织小棉鞋，多少次晚自习后您还给我做宵夜，谢谢您的爱。

借此机会，我要向您表达我内心深处的感谢，同样希望您身体安康，健健康康地继续跟我们在一起。

如今的您子孙满堂，应该好好享受天伦之乐，让我们大家共同孝敬您。

当然，您也要保持笑口常开，有什么需要就跟我们开口。

希望下个大寿我们还能够欢聚在此，敬爱的肖奶奶，再次祝福您。当然，也祝福今天到场的各位，生活甜蜜、事业蓬勃、吉祥如意。

最后，让我们共同举起手中的酒杯，为今天的欢聚齐声喝彩。

谢谢大家。

写在最后的话

经过半年时间的酝酿与写作，这本书终于完成了。为了写作这本书，我翻阅了过去的所有课程和演说记录，查阅了大量的和演说有关的资料，还收听了很多演说音频，经过整理、归纳、总结……一步步走来，终于小有所成。

为了让演说鲜活起来，我经常会在演说中穿插一些小故事，或他人的，或自己的，都取得了理想的效果。在编写这本书的过程中，同样如此，故事或案例依然是我演说的一大要点。

不过，在这里需要说明的是，出书毕竟不同于直接授课和演说，为了让整本书丰满起来，使用的案例可能需要更典型、更有启发意义，因此借鉴和引用在所难免。他山之石，可以攻玉。

为了表达对原创者或作者的尊重，凡在本书中引用的演讲词或案例，我都和相关作者取得了联系，在这里先感谢他们对我工作的支持。但写作工作烦琐而忙碌，总有一些作者是未能联系到的，如您在阅读过程中发现某段演说词或片段正好源自您的作品，请和我联系，领取相应的稿酬。

对您给予的配合和支持，我在这里表示感谢！